AF503950

EXAMEN CRITIQUE

DE LA NOUVELLE

ORGANISATION DE L'ENSEIGNEMENT

DANS L'INSTITUTION ROYALE

des Sourds-Muets de Paris,

PAR BÉBIAN,

ANCIEN CENSEUR DES ÉTUDES DE CETTE INSTITUTION,
AUTEUR DU MANUEL D'ENSEIGNEMENT PRATIQUE DES SOURDS-MUETS,
ET DE PLUSIEURS AUTRES OUVRAGES SUR CET ENSEIGNEMENT.

———————————

A PARIS,

CHEZ TREUTTEL ET WURTZ, LIBRAIRES,
RUE DE LILLE, N° 17;

HACHETTE, Libraire, rue Pierre-Sarrazin, N° 12;

Au Cabinet de Lecture, rue Saint-Dominique-d'Enfer, n° 15.

1834.

OUVRAGES DE M. BÉBIAN

SUR LES SOURDS-MUETS.

MANUEL D'ENSEIGNEMENT PRATIQUE, suivi de l'Art d'enseigner à parler aux Sourds-Muets; ouvrage adopté et publié par le Conseil d'Administration de l'Institution royale.

ESSAI SUR LES SOURDS-MUETS ET SUR LE LANGAGE NATUREL, 1817.

MIMOGRAPHIE, ou Écriture du langage, des gestes.

ÉLOGE HISTORIQUE DE L'ABBÉ DE L'ÉPÉE, discours qui a obtenu le prix proposé par la Société royale académique des sciences, 1820.

JOURNAL DES SOURDS-MUETS ET DES AVEUGLES.

IMPRIMERIE DE LACHEVARDIERE,

RUE DU COLOMBIER, N° 30.

AUX
INSTITUTEURS
DE SOURDS-MUETS.

Quand l'incurie, l'ignorance, de faux systèmes, ou des abus graves minent un établissement d'utilité publique, chacun a le droit de dénoncer hautement le mal.

S'il s'agit d'un établissement de bienfaisance, ce droit devient un devoir d'humanité pour les hommes qui, par leurs études et leur position, sont à portée de dévoiler la source du désordre.

C'est à ce devoir pénible, mais impérieux, que j'obéis en mettant au jour l'état où est tombé l'enseignement dans l'Institution royale des sourds-muets de Paris.

Cet examen avait été adressé au ministre comme simple renseignement. Mais plusieurs instituteurs m'ayant manifesté le désir de la connaître, je me suis rendu à leurs instances. C'est donc particulièrement à eux que cet examen s'adresse. Voilà pourqnoi je n'ai pas cru devoir insister sur les principes fondamentaux, connus de tous. S'ils jugent que je n'ai pas entièrement trompé leur attente, je complèterai bientôt ce travail par l'examen des trois circulaires de l'Institut royal (1); j'y joindrai, s'il y a lieu, ma réplique aux objections ou aux réclamations dont l'*Examen critique de la nouvelle organisation* pourra être l'objet.

----

(1) De ces trois circulaires de l'Institut royal de Paris, la première n'était qu'un simple prospectus, un programme de belles promesses.

Les deux autres ont dû être l'objet de nombreuses réclamations, si nous en jugeons par notre correspondance particulière. Déjà M. Guyot, Directeur de l'Institution de Groningue, a démenti les éloges qu'en son nom l'Institution s'était administrés à elle-même, dans la seconde circulaire, au sujet de l'enseignement de l'articulation. M. Comberry, Directeur de l'Institution de Lyon, repousse avec indignation et renvoie à l'Institution royale quelques insinuations peu charitables de la troisième circulaire. M. Piroux Directeur de l'école de Nancy, se propose d'en réfuter quelques assertions et quelques principes. Un grand nombre d'instituteurs se plaignent que les jugemens de l'Institut royal portent l'empreinte de vues personnelles bien plus que de l'amour de la vérité et du désir de perfectionner l'enseignement. On a remarqué dans ses critiques une grande légèreté d'esprit, une singulière élasticité de principes, une grande inexpérience de l'enseignement. Quoique ce sévère jugement s'accorde assez avec notre opinion personnelle, nous n'en aurions pas fait mention, si nous n'avions intention de le justifier, et au-delà, par l'examen particulier des circulaires dont nous venons de parler.

EXAMEN CRITIQUE

DE LA NOUVELLE

ORGANISATION DE L'ENSEIGNEMENT

DANS L'INSTITUTION ROYALE

DES SOURDS-MUETS DE PARIS.

OBSERVATIONS PRÉLIMINAIRES.

État actuel de l'Institution. — Nouveau plan d'enseignement. — Le Conseil d'administration et les Administrateurs.
— Bases de la nouvelle organisation. — Articulation artificielle. — Lecture sur les lèvres. — Rotation.

Entre toutes les institutions de sourds-muets, l'Institution royale de Paris a tenu long-temps la première
place, et la tient peut-être encore dans l'estime vulgaire.

On ne saurait parler des sourds-muets sans rappeler
le nom de l'abbé de l'Epée et cette Institution à laquelle
il consacra sa fortune, ses talens, sa vie entière, et sur
laquelle, peut-être en secret, peut-être sans se l'avouer lui-
même, il fondait toute sa gloire, lorsqu'il y implantait
sa méthode, semence féconde qui devait pousser ses ra-
meaux sur toute la surface du globe pour régénérer et
consoler les malheureux sourds-muets par les doux fruits
de l'instruction.

L'Institution de Paris parut quelque temps comprendre sa mission et répondre aux vues de son fondateur.
Elle était devenue la métropole de l'enseignement des

sourds-muets. De toutes parts, on y venait puiser, comme à sa source, les principes de la méthode. Si cette méthode ne satisfaisait pas, sur tous les points, aux exigences d'une raison sévère, l'école offrait cependant quelques beaux résultats, qui en promettaient de plus solides et faisaient entrevoir un magnifique avenir.

Que sont devenues ces brillantes espérances?

Entrons dans l'Institution royale. Traversons, sans nous y arrêter, les petites scènes préparées à l'avance pour les séances publiques. Laissons le Directeur expliquer au gré de son imagination un enseignement auquel il est lui-même presque aussi étranger que le public qui l'écoute. Traversons aussi, sans nous arrêter trop long-temps à les admirer, ces superbes bâtimens, qui ont coûté, depuis quelques années, plus de 1,400,000 fr. Ce grand luxe extérieur ne saurait couvrir la pauvreté de l'enseignement. Mettons enfin à l'écart quelques sourds-muets, anciens élèves de l'école, maintenant professeurs; sujets distingués qui n'appartiennent pas au système actuel, et montrent ce que pourrait être l'éducation bien dirigée des sourds-muets... Que trouverons-nous dans l'Institution royale?

L'Institution royale coûte environ 200,000 francs par an; et pour ce prix, elle rend chaque année à leurs familles quinze ou vingt sourds-muets, tailleurs, menuisiers, tourneurs ou cordonniers, avec un simulacre d'instruction, qui ne satisfait pas même aux besoins du plus humble artisan; misérables ouvriers, qui, en sortant de l'Institution, sont obligés, la plupart, de recommencer à nouveaux frais leur apprentissage. — C'est 10,000 francs par élève sortant. D'autres ont évalué ces frais beaucoup plus haut encore.

10,000 francs pour faire d'un sourd-muet un mauvais ouvrier, c'est un peu cher. — Mais l'éducation intellectuelle et morale, la compte-t-on pour rien?—C'est justement parce que nous savons à quoi elle se réduit dans l'Institut royal, que nous répèterons : 10,000 fr. par élève, 'est trop cher.

Maintenant, comparez les frais et les résultats; et ayez encore le courage de demander qu'on étende le bienfait de l'éducation à nos 22,000 sourds-muets de France. Tous y ont le même droit. Et si on nous ôte l'espoir de les y faire participer un jour, quel nom faudra-t-il donner à ce prétendu bienfait qu'on fait luire aux yeux de tous, pour ne l'accorder qu'à un très petit nombre ? Cet enseignement aurait perdu son plus beau caractère. Ce devait être la consolation de tous ces infortunés; ce ne ne serait plus qu'une rare exception, une sorte de privilége pour quelques élus; un objet de curiosité pour les oisifs de quelques grandes villes; et un sujet de douloureux regrets pour les amis de l'humanité.

L'Institution royale était destinée à perfectionner, simplifier et propager cet enseignement, afin que tous les sourds-muets fussent régénérés à la vie intellectuelle et morale. Aujourd'hui, l'Institution royale ne semble faite que pour éteindre l'espoir et le courage au cœur de tous ceux qui voudraient travailler à cette œuvre.

Il y aurait un grand et beau chapitre à faire là-dessus. Un jour, si Dieu nous en donne le temps et la force, comme il nous en a donné la volonté, nous démontrerons mieux que par de simples paroles comment il serait possible, à peu de frais, d'appeler à l'instruction tous les pauvres sourds-muets. Aujourd'hui, le seul bien que nous ayons à faire, c'est d'arrêter le mal. Nous n'avons à nous occuper que de l'état actuel de l'Institut royal de Paris, et seulement du plan d'enseignement qu'il offre, dans sa troisième circulaire, *à toutes les institutions de sourds-muets, de l'Europe, de l'Asie et de l'Amérique.*

Qu'on ne s'attende pas à trouver dans ce plan d'enseignement la méthode de l'Institution, une méthode perfectionnée, simplifiée et agrandie par soixante ans d'expérience; méthode sanctionnée par les résultats, méthode solide, complète, telle qu'on est en droit de l'attendre de la haute et vieille renommée de l'Institution royale. Une méthode?—Ce n'est plus chose à son usage. Cette institution qui se pose hardiment pour modèle dans les circulaires, qui s'est faite École Normale pour donner des maîtres à toutes les autres institutions, n'a pas une méthode à leur présenter. Après soixante ans d'exercice, elle en est encore aux essais; elle peut vous en offrir de toute taille, de toute forme, de toute couleur; lambeaux épars, échantillons informes, disparates qu'on ne pourrait rassembler qu'en habit d'arlequin.

Par un arrêté longuement médité, mûrement délibéré et solennellement imprimé à la suite de la circulaire, pour être porté à la connaissance de toutes les institutions de l'Europe, de l'Asie, et de l'Amérique, le Conseil d'administration de l'Institution de Paris, qui, par ses attributions, est tout-à-fait étranger à l'enseignement, a imaginé de réorganiser, à sa façon, l'enseignement des sourds-muets sur des bases toutes nouvelles.

Depuis plusieurs années on ne pouvait plus fermer les yeux sur la décadence de l'enseignement dans l'Institution de Paris. Divisés sur presque toutes les questions, faute d'une direction commune, les professeurs s'accordaient tous à reconnaître la nécessité de soumettre l'enseignement à un plan régulier, uniforme, méthodiquement progressif. Pour arriver à cette *unité de méthode* furent instituées les *Conférences hebdomadaires*, où les professeurs, le Directeur, et même quelques membres du Conseil d'administration venaient mettre en commun le tribut de leurs lumières, de leur expérience et de leurs méditations. Pour maintenir *l'unité précieuse de la méthode*, le Directeur devait lui-même, en personne, faire successivement, toutes les semaines, une leçon dans chaque classe, et donner lui-même le programme de toutes les leçons. C'était là son premier devoir; c'est un des articles fondamentaux du règlement, loi organique de l'Institution.

Après avoir si bien reconnu et proclamé les avantages, la nécessité d'une méthode uniforme, voilà que le Conseil d'administration brise tous les nœuds qui pouvaient lier encore les classes entre elles. Chaque professeur aura désormais ses élèves, qu'il conduira jusqu'au terme de leur instruction, comme il l'entendra, comme il lui plaira, ou comme il pourra ; car on ne lui indique aucune route à suivre, son enseignement n'est subordonné à aucun plan général.

Chacun est livré à ses lumières personnelles, à son expérience, ou à son génie, à sa théorie, ou à ses caprices, sans règle, sans guide, sans contrôle ; libre de se faire ou de ne pas se faire un plan ; de le suivre ou de s'en écarter ; de marcher dans une voie régulière, ou de courir à l'aventure. On voulait l'unité de la méthode, et voilà l'école déchirée en autant d'écoles, en autant de méthodes ou de systèmes qu'il s'y trouve de professeurs de l'un ou de l'autre sexe. Chacun veut avoir sa méthode à soi, ses procédés à soi, ses idées à soi tout seul, qui ne ressemblent à celles de personne, qui ne ressemblent quelquefois à rien du tout. Chacun veut être créateur, ou du moins innovateur. Chacun est également jaloux de ses découvertes et de son indépendance. Généreuse ambition que j'applaudirais de tout mon cœur, si tous ces essais ne s'expérimentaient sur de malheureux enfans qui en peuvent être victimes ; car, bien qu'on soit de l'Institution royale, on n'a pas, de nécessité absolue, un génie infaillible. Jusqu'ici chaque professeur ayant été circonscrit dans l'enseignement d'une seule classe, aucun d'eux n'avait encore eu à parcourir le cercle entier du cours d'instruction. Des dix professeurs de l'Institution, ne peut-il s'en trouver quelqu'un qui s'égare sur cet océan qu'il ne connaît pas encore, et où l'administration le lance sans carte, ni boussole, ni pilote ? Cette crainte

peut être permise quand on considère que, pour arriver
au titre de professeur, on n'était tenu de passer par aucun examen sérieux, ni de faire aucune preuve d'études
préliminaires. Il ne faut pas oublier que chaque professeur est désormais chargé de toutes les branches de l'enseignement, grammaire, histoire, géographie, physique,
histoire naturelle, mathématiques, etc. Et quand on
songe que l'erreur, la paresse ou l'inexpérience d'un seul
professeur peut étouffer l'intelligence du dixième des
élèves de l'Institution (ou même du sixième des élèves, si
l'on réduit le nombre des professeurs à six, comme l'administration le veut), et l'étouffer sans retour ; car pour
les malheureux que le sort aura jetés sous un système er-
roné, plus d'espoir de se relever par les soins d'un professeur mieux inspiré ! N'est-on pas effrayé de la témérité
de ceux qui abandonnent ainsi à une sorte de fatalité les
malheureux enfans dont la destinée est commise à leurs
mains ?

N'importe ; le Conseil d'administration, dans sa tolé-
rance universelle, admet, par son arrêté, toutes les méthodes, toutes, hors une toutefois (1), celle qui fit la
gloire de l'Institut royal, celle que cette même administration, dans sa sagesse, avait déclaré devoir être con-
servée de préférence à toute autre, autant pour la supériorité de ses résultats que par respect pour la mémoire
de l'abbé de l'Épée. Ainsi (du moins d'après le vœu de
l'arrêté) ce ne sera plus par l'emploi rationnel et méthodique de leur langage mimique que les sourds-muets seront instruits. Le langage mimique ne semble men-
tionné que pour la forme ; il n'est admis par l'arrêté que
dans quelques cas exceptionnels. De par l'administration

_____

(1) Cette exclusion n'est pas en termes formels dans l'arrêté.
Mais n'est-elle pas assez clairement exprimée par l'article 14 cité
plus loin ? L'exclusion des professeurs sourds-muets n'était pas
plus explicite, et il ne leur a pas fallu moins d'un an de débats
opiniâtres pour faire admettre *provisoirement* leurs droits.

il est enjoint à TOUS *les élèves* de renoncer au langage des gestes *dans toutes leurs communications, soit entre eux, soit avec les autres personnes, pour ne s'entretenir qu'à l'aide de l'écriture, de la parole, ou de la dactylologie* (Art. 14). — *L'enseignement sera donné, dès la première année et durant toute la durée du cours, à l'aide de l'écriture et de la parole* (Art. 13). — *Les prières communes seront faites par l'articulation; le même mode, sera aussi employé pour quelques leçons communes* (Art. 15). — Et, par conséquent, sans qu'on ait besoin de le dire, il est enjoint aux sourds-muets de comprendre la parole ni plus ni moins que s'ils jouissaient de l'ouïe et de la parole; car ainsi l'ordonne le conseil d'administration, dans sa haute sagesse, dans sa toute-puissance, et dans son expérience infuse.

. Arrière donc, arrière bien loin cette méthode du vulgaire bon sens, qui, pour instruire les sourds-muets, emploie leur langage naturel, et suppose qu'il est à propos que le professeur soit compris de ses élèves. Arrière donc aussi, messieurs les professeurs sourds-muets... C'est à tort qu'on avait pensé que vous pouviez instruire vos frères, et les guider dans la route que vous veniez de parcourir vous-mêmes avec succès. Vous invoquerez vainement l'ancienneté de vos titres, vos longs services. L'arrêté qui foule au pied les principes de la raison respecterait-il les droits et les titres de quelques obscurs professeurs... professeurs sourds-muets?

A l'exception de cette seule méthode, proclamée jadis préférable à toute autre, exclue aujourd'hui par privilége, et mise hors la loi du conseil; liberté, égalité pour toutes les méthodes.

Ne dirait-on pas qu'une velléité d'idées républicaines aurait gagné la respectable aristocratie du Conseil d'administration? Mais ce n'est pas là de la liberté, c'est de l'anarchie, c'est l'enseignement livré au pillage.

.. Il est presque superflu de dire que ce bizarre système ne laisse au Directeur aucune action, ni même aucun contrôle sur les études. Aussi ne paraît-il plus dans les classes.

Serait-ce pour appuyer son système que l'Administration a fait choix d'un directeur tout-à-fait en dehors de l'enseignement des sourds-muets? ou bien n'a-t-elle imaginé son système que, par une conséquence forcée de son choix, pour sauver au Directeur l'embarras de sa position, et le dispenser des fonctions que son titre et le règlement lui imposent, mais que son inexpérience le met hors d'état d'exercer? Qu'est-ce qu'un directeur qui ne dirige rien? L'administration a voulu aller au-devant de cette objection ; et pour justifier le titre du Directeur, elle lui a donné la *direction de la haute partie administrative de toutes les branches du service.* Ainsi le Directeur dirige la partie administrative, et l'Administration administre l'enseignement!!! (1)

Tout cela est incroyable, je le sais. Nous verrons des choses plus incroyables encore; et pourtant tout cela est rigoureusement vrai :

Le vrai peut quelquefois n'être pas vraisemblable.

Et voilà pourquoi j'ai cru devoir reproduire, en son entier, tout l'arrêté de l'administration, avec quelques petites remarques.

A la vue de ce plan d'organisation, je me mis à déplorer la destinée de cette belle Institution, naguère glorieuse et fière des noms de l'abbé de l'Épée et de l'abbé Sicard, plus fière peut-être encore des élèves qu'elle avait à présenter au public, réduit aujourd'hui au tâton-

---

(1) Dans ses fonctions ainsi restreintes, le nouveau directeur, il faut lui rendre justice, montre un zèle et un amour du bien qui lui donneraient des droits à la reconnaissance de l'Institution, si on pouvait fermer les yeux sur le mal profond que produit le manque d'une direction réelle. Mais ce mal, peut-on en accuser le Directeur?

nement des essais, et retombant, après soixante ans, dans les langes de l'enfance.

Je voulus d'abord élever la voix pour signaler les conséquences de cette prétendue organisation ; mais, convaincu que l'expérience, et une sévère expérience, pourrait seule éclairer les aveugles auteurs d'un pareil plan, je gardai le silence, bien persuadé d'ailleurs qu'un système si vicieux portait en soi un germe de mort prochaine, et que le temps en ferait prompte justice.

Un an a passé sur ce plan, et des trente articles de l'arrêté, deux seulement ont survécu. Qui ne croirait donc l'arrêté mort et oublié? Il n'en est pas ainsi. Malgré cette leçon sévère, l'Administration n'abandonne pas son œuvre ; elle la maintient bonne et sage. Elle en impute l'avortement à la résistance de l'un, à l'insouciance de l'autre, au mauvais vouloir de tous, mais non pas aux défauts de sa malheureuse conception. Elle la couve donc encore et la réchauffe pour lui donner une nouvelle vie.

Il devient urgent de signaler cet aveuglement (1); il le faut pour en arrêter les conséquences, non pas peut-être dans l'Institution royale, où ma voix ne sera pas écoutée, mais dans les autres institutions qui s'attachent à suivre les erremens de la grande école; il le faut pour prévenir, dans l'avenir, toute nouvelle tentative de ce genre; il le faut pour qu'on sache (car c'est utile à sa-

---

(1) Cet examen, adressé au ministre le 15 décembre dernier, avait été composé à la hâte (comme on le verra trop bien) dans les premiers jours de ma convalescence, après une longue et cruelle maladie, qui m'a forcé pour quelque temps, pour long-temps peut être, de renoncer aux travaux de l'enseignement. J'ai retranché de ce mémoire les parties qui, ayant un rapport spécial à l'Institution de Paris, ne pouvaient intéresser que faiblement les instituteurs.

Si je ne puis concourir, désormais, d'une manière active aux progrès de l'enseignement des sourds-muets, je veux mettre du moins un bâton dans les roues du char rétrograde.

voir) quelle est l'inconcevable inexpérience, quelle est la téméraire légèreté de ceux qui se sont constitués les réorganisateurs de l'enseignement des sourds-muets. Nous ne voulons pas accuser les intentions; et c'est pour nous un regret de plus, de voir des hommes bien intentionnés, voulant le bien, pouvant facilement l'opérer, et pourtant faisant le mal par erreur *par système, et quelques uns peut-être avec tout le zèle que donne la conscience d'une bonne œuvre.

Si l'Institution royale de Paris n'était qu'une école sans influence extérieure; si l'enseignement, bon ou mauvais, n'y intéressait que les élèves de l'établissement, nous gémirions sans doute, mais en silence, sur le sort de ces malheureux enfans; nous gémirions sur le désappointement des familles cruellement trompées par l'éclatante réputation de l'Institution royale; nous ne verrions qu'avec un profond regret le gaspillage de tous ces élémens de perfectionnement, qui donnaient de si belles espérances; mais toutes ces plaintes resteraient renfermées au fond de notre cœur; et n'attendant le remède que de l'excès même du mal, nous laisserions à d'autres le pénible soin de mettre au jour la cause du désordre, pour tâcher d'en arrêter le cours.

Mais l'Institution royale a une bien autre importance. C'est là qu'a été placé le flambeau qui devait éclairer tout l'enseignement des sourds-muets. Par sa haute position elle était devenue le phare de toutes les autres institutions; sa lumière ne peut s'éteindre sans danger. Dans l'Institution royale de Paris le mal ou le bien a toujours de grandes conséquences, et déborde de toutes parts. Une erreur de l'Institution de Paris se propage, se multiplie, s'infiltre rapidement au loin; elle se répand par *les circulaires,* comme par un canal à mille embranchemens, et va infecter toutes les autres institutions du monde avec cet ascendant que donnent à l'Institution royale et sa vieille renommée, et la gloire de son fonda-

teur, et les hautes notabilités de son Conseil d'administration, et les noms illustres des savans chargés d'y veil-
ler au perfectionnement de la méthode, et enfin les
immenses ressources que la constante faveur du gouvernement met à la disposition des chefs de cet établissement.

Si l'Institution royale, avec tous ses puissans moyens
d'influence, vient nous offrir un plan destiné à servir
de base à l'enseignement des sourds-muets, les instituteurs ne s'empresseront-ils pas d'adopter un système
qui se présente sous la garantie de cette vieille renommée? Si ce plan subversif de tous les principes de l'enseignement menace de ruiner l'art pour plus d'un
demi-siècle, un ami des sourds-muets, l'homme qui a
passé sa vie à déblayer les voies de cet enseignement,
peut-il garder le silence, sans renier tous ses travaux
pas sés? En publiant l'examen de l'arrêté du Conseil d'administration, je ne fais que céder aux instances d'un
grand nombre d'instituteurs, dont je ne suis que le trop
faible interprète.

J'ai déjà dit que de trente articles dont cet arrêté se
compose, vingt-huit sont restés sans exécution.

Que penser d'un plan d'organisation qui n'a pu conserver une ombre de vie que dans deux de ses dispositions? Ce seul fait parle assez haut : c'est la condamnation
la plus éclatante de cette œuvre, et plus encore de l'esprit qui l'a conçu.

Cet arrêté n'est déjà plus qu'un cadavre. Pourquoi
donc s'y arrêter, pourquoi s'acharner sur un cadavre?—
Mais ce cadavre règne encore sur l'Institution ; mais cet
arrêté longuement médité, solennellement publié et revêtu de l'approbation du ministre, n'a été révoqué dans
aucune de ses dispositions. Ce cadavre renferme un poison contagieux, qui peut se développer à la première
circonstance favorable. Il faut le disséquer pour découvrir et neutraliser le foyer d'infection. C'est ce que nous

allons entreprendre en analysant cet arrêté, article par
article.

Mais avant d'aller plus loin, qu'il nous soit permis de
demander à quel titre, et de quel droit le Conseil d'administration, qui, par la nature de ses attributions, devait
rester étranger à l'enseignement, s'en est-il constitué le
réformateur, l'organisateur? Il a assumé une grande responsabilité; il est juste qu'il la subisse, et voie son œuvre au grand jour et dans sa nudité.

La liberté avec laquelle j'exprime ma pensée sur les
actes du Conseil d'administration ne doit pas blesser
les administrateurs. J'aime à rendre à chacun d'eux le
respect qu'il mérite; je me garde de faire peser sur messieurs les Administrateurs les actes du Conseil. Je ne
confonds pas les Administrateurs avec l'Administration (1).

Si l'on voulait contester la sincérité de cette déclaration et n'y voir qu'une distinction paradoxale, qu'on lise
avec attention l'arrêté qui nous occupe, et qu'on juge,
en conscience, s'il y a un seul des administrateurs qui
voulût en adopter la responsabilité. Prenons, par exemple, les articles 14 et 15, ou seulement ce dernier :

*Les prières communes seront faites par l'articulation. Le
même mode sera employé aussi pour certaines instructions
communes.*

Est-il nécessaire de tordre bien fort cet article pour
en faire jaillir l'absurdité, et pour faire sauter aux yeux
l'ignorance qui l'a dicté; si toutefois on peut admettre
ici excuse d'ignorance?

Quel est l'instituteur de sourds-muets, quel est
l'homme de sens, qui ne sache par expérience, qui
ne reconnaisse par le plus simple raisonnement, que

(1) Après cette déclaration, je pense que si on veut défendre l'arrêté contre mes critiques on ne cherchera pas du moins à trans-
porter la question sur un autre terrain, pour se faire un rempart
de quelques noms honorables.

le sourd - muet, même le plus habile à lire la parole sur les lèvres, ne peut la comprendre qu'autant qu'elle lui est adressée directement, en face, de près, en courtes phrases familières, lentement, distinctement articulées? Il n'est point de sourd-muet, quelque habile qu'on le suppose, qui puisse suivre sur les lèvres un discours d'une page.

Accordons que le sourd-muet puisse démêler et saisir sans hésitation, dans les mouvemens fugitifs des lèvres, tous les sons et toutes les articulations. Il faudra encore qu'il affecte à chacun de ces sons l'orthographe qui lui convient par rapport au mot dont il fait partie. Chaque son, dans notre langue, s'écrit de plusieurs manières, et le sourd-muet ne comprend que les mots correctement écrits. La parole n'est pour lui qu'une écriture labiale, une écriture abrégée, une sténographie qu'il est obligé de traduire en écriture ordinaire bien orthographiée, et par conséquent en suppléant toutes les lettres muettes ; ce qu'il ne peut faire qu'autant qu'il comprend ce qu'il lit sur les lèvres. Il faut donc qu'il connaisse déjà parfaitement la langue dont il est censé commencer l'étude.

Mais ce n'est pas encore tout.

Il y a des articulations intérieures qui échappent à la vue. Il faut que le sourd-muet soit assez instruit, qu'il ait l'esprit assez pénétrant, l'imagination assez vive, l'intelligence assez prompte, le jugement assez sûr pour qu'à l'aide de ce qu'il voit il supplée sur-le-champ tout ce qu'il ne voit pas. C'est un antiquaire qui serait forcé de lire couramment des inscriptions à moitié effacées, en les rétablissant sans hésiter.

Figurez-vous maintenant cinquante ou cent sourds-muets assis sur quelques rangées de bancs, les trois quarts sachant à peine lier quatre mots, les plus habiles ne comprenant pas le *Petit Poucet et la Barbe bleue;* et au milieu d'eux un professeur leur débitant de vive voix sa leçon, ou leur récitant les prières du matin ou du soir.

Je n'ai pas besoin de dire que personne dans l'Institut royal, pas même le Directeur, n'a tenté une seule fois de mettre cet article à exécution.

Quel est le surveillant assez ignare, l'aspirant assez novice pour oser faire cet essai sans craindre de devenir la risée de toute l'école? Professeurs, répétiteurs, domestiques, il n'est pas jusqu'aux aides de cuisine, qui n'en eussent fait leurs gorges chaudes, en criant à l'absurdité.

Et voilà le grand chef-d'œuvre du Conseil d'Administration ! Quel est celui des Administrateurs qui voudrait s'en déclarer complice? J'ai donc raison de dire qu'il ne faut pas confondre MM. les Administrateurs avec le Conseil d'Administration.

Qu'est-ce donc que le Conseil d'Administration?

Le Conseil d'Administration, c'est une sorte d'être fictif, abstrait, saisissable seulement par ses actes, que souvent personne n'oserait avouer.

Si nous avions à dérouler ici ses actes, nous les trouverions presque tous empreints d'un même caractère de légèreté et d'inconséquence. Nous verrions le Conseil incessamment en travail, enfantant chaque jour arrêtés, plans, projets qui sont oubliés le lendemain; conceptions bonnes ou mauvaises, souvent inexécutables et toujours inexécutées. Il se consume en bonnes intentions et en efforts stériles. Impuissant pour rien produire, il ne semble avoir de force que pour bouleverser et détruire. On le croirait sous l'influence d'un génie malfaisant qui fascine ses regards et pervertit son bon vouloir. Le Conseil d'Administration, c'est le dieu aveugle qui préside aux destinées de l'Institution; c'est une sorte de *Fatum* domestique obéissant à une force occulte, à une espèce de fatalité qui le pousse à la ruine de cet établissement.

Voilà le Conseil d'Administration. Mais si nous prenons

individuellement chacun de ses membres, nous trouve-
rons des hommes sensés, graves, pleins de bonnes intentions, dignes de tout notre respect. Nous aurons à rendre
hommage à de beaux caractères, à de hautes capacités,
à des vues généreuses; mais, hélas! que toutes ces rares
qualités viennent se réunir autour de la table du Conseil,
elles sont comme dans une cornue des sels actifs qui se
neutralisent, se volatilisent les uns par les autres, et ne
nous laissent, en dernière analyse, qu'une masse inerte,
un insipide *caput mortuum.*

Ce phénomène serait inexplicable à qui ne connaît pas
la vie du Conseil d'Administration.

De sept membres qui le composent, on en voit rarement
réunis quatre, arrivant l'un après l'autre, et pressés de
partir. La plupart des séances ne sont que de deux ou
trois membres, et presque toutes les délibérations sont
ainsi prises à la minorité. Rarement celui qui signe le
procès-verbal a assisté à la délibération dont il y est question. Supposez maintenant, je ne dis pas dans le Conseil,
mais seulement près du Conseil, un homme adroit, in-
sinuant, persévérant, qui, par exemple, serait chargé
directement ou indirectement de la rédaction des procès-
verbaux; lui serait-il bien difficile de mener toutes les
délibérations à ses fins, mettant à l'écart ce qui pourrait
éclairer le conseil, et au néant toutes les décisions con-
traires aux vues personnelles du meneur? Ce n'est là
qu'une pure hypothèse; mais je ne saurais autrement
expliquer l'avortement de tous les bons desseins du Conseil d'Administration, qui, avec les meilleures intentions du monde, a été souvent, à son insu, un manteau
pour les abus.

Le nouveau plan d'enseignement de l'institution des
sourds-muets de Paris repose sur trois points principaux : l'articulation artificielle, la lecture sur les lèvres,
et la rotation. Avant de nous engager dans l'examen dé-

taillé des articles de l'arrété, il est indispensable de faire connaître la triple base sur laquelle le système repose.

Articulation. On ne peut contester qu'il ne soit très avantageux au sourd-muet de pouvoir s'exprimer de vive voix. Personne, de nos jours, en France, n'a, j'ose le dire, plus contribué que moi à propager l'enseignement de la parole aux sourds-muets. J'en ai proclamé les avantages dans tous mes écrits; et, ce qui vaut beaucoup mieux, j'ai donné avec des notes deux éditions de l'*Art d'enseigner à parler aux sourds-muets,* par l'abbé de l'Épée, excellent petit traité qu'on ne trouvait plus dans la librairie. Mais personne non plus ne s'est attaché à démontrer par des preuves plus décisives combien il est absurde, ridicule, tyrannique, de vouloir baser l'enseignement des sourds-muets sur la parole; de choisir directement la faculté qui leur manque pour principal instrument de leur instruction; faculté que l'art ne peut rendre qu'à la moitié d'entre eux, et toujours d'une manière incomplète.

« *Apprendre à des sourds-muets à parler,* dit l'abbé de l'Epée, *n'est pas une œuvre qui demande de grands talens; elle exige seulement beaucoup de patience* de la part de l'instituteur, et beaucoup de patience aussi et de persévérance de la part de l'élève. »

Mais on ne peut obtenir des résultats satisfaisans que par un exercice continuel, de tous les jours, et, pour ainsi dire, de tous les instans, sous une surveillance active et bienveillante, toujours là, attentive à redresser tous les écarts, à corriger chaque faute, à lever tout embarras, toute difficulté, à prévenir toute mauvaise habitude. Aussi ne réussira-t-on vraiment bien qu'avec un petit nombre d'élèves réunis sous un instituteur dévoué, laborieux, et mieux encore au sein de la famille, ou avec un maître particulier qui ne quitte jamais son élève.

Il se rencontre cependant des sourds-muets qui, ayant entendu et même parlé dans leurs premières années, ont conservé une telle aptitude à la parole, que quelques leçons suffisent, quand d'ailleurs ils ont une instruction convenable. Parmi les quarante-cinq élèves qui étaient réunis dans ma cl sse, quand j'étais à l'Institution royale, se trouvaient trois sourds-muets doués de si heureuses dispositions sous ce rapport, que, rentrés dans leur famille, il ne leur a fallu que quelques mois pour apprendre à parler, et à parler beaucoup mieux que les élèves qui reçoivent depuis quatre ans des leçons d'articulation dans l'Institution royale.

De ces exemples exceptionnels conclure qu'on peut enseigner la parole simultanément à tous les élèves d'une nombreuse institution, et même faire servir la parole comme principal moyen d'instruction, c'est trop d'igno rance, et l'expérience ne tarde pas à confondre une si aveugle présomption. Voyez plutôt à l'Institution royale. Depuis quatre ans le Ministre, sur la demande de l'Administration, a alloué une somme de 3,000 fr. pour l'enseignement spécial de l'articulation, et admirez, je vous prie, les beaux résultats qu'on a obtenus!

Dans toutes les séances publiques on fait paraître un certain nombre d'élèves qui viennent hurler en présence de l'assemblée quelques cris sauvages, rauques ou glapissans, qu'on décore du nom de parole, et que le maître est obligé de traduire en langage humain pour les rendre intelligibles à l'auditoire. Ensuite paraissent, pour bouquet, trois ou quatre élèves qui s'expriment passablement. J'y ai vu même un enfant à qui on a fait chanter : *Malborough s'en va-t-en guerre*, et la *Parisienne;* mais cette mystification ne s'est pas renouvelée. Quant aux quatre *sourds-parleurs*, il faut dire, à la honte de l'Institution qui en fait parade, qu'elle n'a rien à revendiquer dans cette partie de leur instruction. L'un, Kandraon, de Lesnève près de Brest, a entendu jusqu'à sept ans, et n'a jamais discontinué de parler. Un autre, Dubois, de l'île de Ré, a perdu l'ouïe à l'âge de six ans; mais il avait conservé l'usage de la parole, et son père n'a pas cessé de l'y exercer. Benjamin, de Cambrai, s'étant amusé, vers l'âge de sept ans, à mettre du sable dans ses oreilles, en a ressenti long-temps de vives douleurs, qui ont été suivies de la surdité ; mais il parlait très bien quand il arriva dans l'Institution ; et même beaucoup mieux qu'il ne fait aujourd'hui. Enfin le jeune Parot, âgé de onze ans, n'a perdu l'ouïe que depuis dix-huit mois ; il parle presque aussi bien que s'il entendait. Et l'on ne rougit pas de présenter au public ces élèves comme témoignages des beaux résultats que l'enseignement de la parole produit dans l'Institution royale !

Articulation. Le sourd-muet qui a quelque aptitude et qui est bien dirigé, peut apprendre en peu de temps à prononcer tous les sons et toutes les articulations ; mais il y a loin de là, non seulement à parler, mais à lire ; je ne dis pas lire et comprendre, mais simplement lire en articulant les mots (1).

On sait qu'en français chaque son peut se représenter par différens assemblages de lettres, et que souvent la même lettre ou le même assemblage de lettres peut se prononcer de diverses manières. Je suppose donc que vous ayez appris à votre élève à prononcer *en* comme *an*. Bientôt il trouvera ces lettres dans *rien*. Il faudra lui dire que ce n'est plus là le son de *an*, mais celui de *in*. Plus loin, à ces quatre lettres se joindra un *t* : (ils) *rient ;* et voilà que *en* ne se prononce pas, non plus que le *t*. Qu'un *o* vienne se placer en tête de ce groupe, nous aurons *orient*, nouvelle explication à donner.

Pensez-vous que le pauvre enfant puisse facilement se tirer de ce dédale sans un fil qui le conduise? Ne sera-t-il pas bientôt rebuté de cette fastidieuse étude, si vous ne lui donnez quelques règles qui en aplanissent les difficultés et en abrègent les dégoûts? Mais comment lui ex-

---

(1) Je ne dis rien de l'art de diriger la voix, de modifier les intonations, de lier par le *port de voix* les syllabes en mots, les mots en phrases. Serais-je compris de l'Institution royale ?

pliquer ces règles? Sera-ce par la parole même, qu'il ne comprend pas? Sera-ce par l'écriture, qu'il ne comprend pas davantage, et que la parole doit, dans votre système, vous aider à lui expliquer? Essayez de lui faire entendre que *ent* est muet dans *ils rient*, et dans les exemples analogues. Ne faudra-t-il pas préalablement lui dire ce que c'est que le verbe, le pluriel, la troisième personne du pluriel. Il faudra qu'il sache distinguer le verbe de toutes les autres parties du discours; il faudra qu'il comprenne la phrase; il faudra qu'il soit déjà instruit, et par d'autres procédés, sans doute, que la parole. Sans ces connaissances préliminaires, il ne pourra articuler une phrase écrite, à moins que vous ne preniez la peine de noter la prononciation de presque tous les mots. Mais la plupart de ces difficultés s'évanouissent, si l'élève est assez instruit pour comprendre vos explications, et surtout pour comprendre ce qu'il lit. Il apprendra alors plus en quelques mois, qu'il n'aurait fait en deux ans. En retournant dans sa famille il se perfectionnera par un usage plus fréquent de la parole, si toutefois sa famille parle bien. Mais si elle parle mal? Eh bien! la parole même du plus habile sourd-parlant s'altèrera, et avant deux ans elle deviendra inintelligible. Mais à quoi lui servira la parole que vous lui aurez apprise si péniblement, s'il est destiné à aller vivre dans les montagnes de l'Auvergne, dans les campagnes du Languedoc, de l'Alsace ou de la Bretagne? Il finira peut-être par prononcer quelques mots du patois de sa province. C'est bien quelque chose, j'en conviens; mais ce serait acheter trop cher un si faible avantage que de le payer de cinq ou six ans d'étude, et d'un temps qui aurait pu être bien plus fructueusement employé.

Lecture sur les lèvres. J'ai déjà parlé des difficultés nombreuses que présente la lecture sur les lèvres; et l'on a pu entrevoir, sans plus ample explication, les obstacles insurmontables qui arrêteront le sourd-muet quand on voudra le faire sortir des petites phrases banales de la conversation, pour faire usage de la parole comme moyen d'instruction. Cependant, à entendre le directeur actuel, la lecture sur les lèvres ne serait qu'un jeu pour le sourd-muet. Tous les élèves sans exception y auraient une suffisante aptitude, même ceux dont les organes se trouveraient tout-à-fait inaptes à l'articulation. Cette erreur était bien excusable dans un homme qui n'avait encore eu presqu'aucune occasion d'observer de près les sourds-muets avant d'être appelé à diriger l'Institution royale. La troisième circulaire (page 72 lig. 12-15.) nous apprend que peu de temps avant sa nomination, il était encore *dans la prévention que le sourd-muet ne pouvait acquérir l'usage de la parole, de manière à la faire servir à ses relations sociales* (à quoi donc aurait-elle pu servir) *mais l'observation de la méthode suivie dans l'institut de Zurich a ébranlé sa conviction.* A la vue de quelques heureux essais il se flatta, (erreur qui part d'un bon cœur,) il se flatta qu'il pourrait donner la parole à tous les sourds-muets, et la faire servir, comme instrument, à leur instruction. C'est le propre de l'inexpérience d'étendre indéfiniment en principe général, le fait qu'il vient de découvrir. L'enfant croit que le monde finit à l'horizon qui borne sa vue.

Cette illusion a-t-elle pu résister à deux années d'expérience? On en pourrait douter, puisque, nonobstant l'arrêté de l'administration, l'articulation est totalement abandonnée comme moyen d'instruction, et que même on ne continue à enseigner la parole qu'aux élèves de première année, ainsi que le directeur a bien voulu me l'apprendre lui-même.

Cependant, dans toutes les séances publiques, on ne manque pas de prôner la lecture sur les lèvres, et d'en donner quelque échantillon au public. Celui qui fut offert dans l'exercice du mois d'août dernier auquel j'assistais ne fut pas heureux. Quatre élèves se présentent au tableau noir. Un d'entre eux devait dicter de vive voix quelques phrases que les trois autres devaient lire dans les mouvemens de ses lèvres, et écrire ensuite sur la planche noire. La première phrase alla fort bien. L'élève qui dicta fit entendre quelques sons que je ne pus pas trop bien saisir ; et les trois autres écrivirent sans hésiter : *Il fait beau temps.* La seconde phrase était : *Le banc est court.* Deux des élèves écrivirent en effet : *Le banc est court.* Mais le troisième mit hardiment : *Nous irons nous promener.* On fit apercevoir la méprise à l'élève qui dictait, mais il eut beau répéter la phrase, l'autre ne comprenait pas, et il ne se corrigea que lorsqu'on lui eut fait signe qu'il avait interverti l'ordre de la leçon, et pris la troisième phrase pour la seconde. En effet la troisième phrase, qu'on eut l'insigne maladresse de laisser dicter, était celle qu'il avait d'abord écrite : *Nous irons nous promener.*

Rotation. Naguère chaque professeur avait sa classe spéciale. L'un était chargé des élèves de première année, un autre des élèves de deuxième année, un autre de ceux de troisième année, etc.; et chaque année les élèves, montant d'une classe, passaient sous un nouveau professeur, comme cela se pratique dans les colléges.

On avait pensé sans doute que chaque professeur enfermé de cette façon dans une classe spéciale, circonscrit dans un enseignement moins étendu et toujours le même, en pourrait mieux soigner toutes les parties ; que chaque année le ramenant sur ses pas, il lui serait facile de reconnaître et de corriger ses erreurs, de combler peu à peu tous les vides, de simplifier les procédés, de perfectionner tous les détails ; en un mot, on avait cru qu'un cercle de travaux plus étroit serait plus facilement rempli. Et cependant aucun des professeurs ne remplissait complètement le sien, chacun rejetant la faute sur ses collègues qui lui envoyaient des élèves mal préparés, tous, comme je l'ai déjà dit, accusant le manque d'une direction supérieure.

Pour remédier au mal, ou du moins pour imposer silence à ces plaintes, l'Administration a décidé que chaque professeur parcourra avec les mêmes élèves le cours complet d'instruction; ne doutant pas que celui qui n'a pu déployer son talent d'une manière satisfaisante dans une classe spéciale, ne réussisse beaucoup mieux quand il aura à embrasser le cours entier des études dans six classes successives.

Il a donc été arrêté que chaque professeur, alternativement, recevra les élèves arrivans pour les conduire jusqu'au dernier terme de l'enseignement. D'ailleurs libre à chacun d'adopter la méthode et les procédés qui lui paraîtraient convenables, pourvu seulement que l'instruction soit donnée par la parole et l'écriture.

Voilà ce qu'on appelle la *Rotation* dans l'Institution royale de Paris.

Ce système, comme on voit, repose sur deux principes bien distincts. L'un abandonne les mêmes élèves au même professeur pour tout le cours de leur éducation.

L'autre abandonne le professeur à ses seules forces; sans règle, sans conseil, sans appui, sans contrôle.

La Rotation réduite au premier principe, subordonnée d'ailleurs à un plan général, offrirait des avantages qui en contrebalanceraient peut-être les difficultés et les inconvéniens.

Avec le second principe, la Rotation entraîne à sa suite toutes les pernicieuses conséquences que nous avons signalées; c'est l'anarchie organisée, c'est un désordre légal. Je ne voudrais cependant pas affirmer que ce mode ne vaut pas mieux encore que l'inharmonié et la discordance qui régnaient entre les diverses classes que les élèves devaient traverser. Cette concession témoignera de la loyauté de ma critique.

Mais cet épouvantable remède, si c'en est un, ne révèle-t-il pas l'énormité du mal? Et à qui s'en prendre, si ce n'est à l'incurie, au moins, du Conseil d'administration?

.. Il serait difficile, même à l'auteur de ce système, de nous dire nettement quelle en est l'intention, et ce qu'on peut en attendre dans un temps plus ou moins éloigné. Car nous ne pouvons faire à l'Administration l'injure de supposer qu'elle considère ce plan comme une organisation définitive. Il est évident au simple bon sens, que ce n'est qu'une disposition provisoire, une mesure de transition.

Mais pourquoi ne l'avoir pas dit ; et pourquoi n'avoir pas déclaré franchement où l'on en veut venir ?

A-t-on eu dessein d'établir ainsi tacitement entre les professeurs une sorte de concours pour juger les hommes et les méthodes; concours dont le prix serait la place de Directeur? Mais le cours complet d'instruction durant six ans, il ne faudra pas moins de onze ans pour que tous les professeurs aient offert l'un après l'autre, à l'appréciation de l'Administration, les résultats de leur enseignement. Dans onze ans, quels seront les juges de ce concours? sur quelles bases appuieront-ils leur décision? comment établir les points de comparaison? D'ailleurs voudrait-on laisser l'institution pendant onze ans dans cet effrayant provisoire? — Les vues du Conseil n'ont certainement pas porté si loin.

N'aurait-on pris ce parti désespéré que pour venir en aide au Directeur, dissimuler son expérience, et gagner du temps? Je suis disposé à le croire.

Mais qui a réduit l'Institution à cette extrémité? Encore le Conseil d'administration, toujours s'obstinant à diriger l'enseignement, et à faire choix de directeurs sans expérience.

Le Conseil en adoptant le nouveau système a pensé certainement que pour les dix classes de l'institution, on aurait facilement dix professeurs, capables chacun de dresser à lui seul un plan complet d'enseignement et de le mettre à exécution. (Dans le doute, le conseil se fût fait scrupule de commettre, sans garantie, l'éducation de ces enfans à des mains encore peu expérimentées.) Ce que chacun de vos dix professeurs pourra exécuter à lui seul, vous ne pourriez pas trouver un directeur capable de le faire avec le concours de vos dix professeurs!! Pourquoi l'aller chercher, ce directeur, en dehors de l'enseignement des sourds-muets ? C'est une injustice à l'égard de tous les instituteurs, et particulièrement à l'égard des professeurs de l'institution ; par rapport à eux, c'est pis encore, c'est presque un outrage.

Nous venons d'apprécier les trois points d'appui de la nouvelle organisation : l'articulation artificielle en est l'objet, la lecture sur les lèvres, le moyen ; la rotation, le mode d'exécution.

Nous allons maintenant reproduire textuellement, avec quelques observations, l'arrêté du conseil d'administration de l'institut royal des sourds-muets de Paris publié, sous le titre d'*Appendice*, à la suite de la 3e circulaire. pag. 257 — 264.

Remarques sur le plan d'organisation de l'enseignement, adopté par le Conseil d'Administration de l'Institut royal des Sourds-Muets de Paris.

Cette circulaire a été présentée au Conseil d'administration au commencement du mois de janvier. Dans l'intervalle de temps qui s'est écoulé depuis sa présentation jusqu'au moment où son impression aux frais du gouvernement a été autorisée par M. le Ministre du commerce et des travaux publics, de nombreuses améliorations ont été introduites dans l'Institution royale de Paris : par les soins de M. Ordinaire, la discipline de l'établissement a été réorganisée (a) les exercices gymnastiques ont reçu une nouvelle impulsion(b) ; l'enseignement du dessin linéaire et celui de la parole ont été généralisés (c) ; et par là, l'Institution de Paris se range dans la catégorie de celles qui, adoptant un système mixte, associent la parole au langage mimique, dans l'éducation des sourds-muets(*d*).

Il nous serait impossible en ce moment d'exposer tous les changemens et toutes les améliorations de détail opérées dans l'Institution de Paris(*e*); mais sur l'invitation du conseil d'administration, M. de Gérando a fait un rapport très étendu sur l'organisation de l'enseignement; il a résumé son travail dans une série d'articles, qui, après une mûre délibération, ont été adoptés l'un après l'autre pour servir de base au système de l'enseignement dans l'Institution de Paris(*f*). Le Conseil d'administration a arrêté que cette organisation serait publiée à la suite de la troisième circulaire.

Remarques.

(*a*) La discipline a été réorganisée.

Et à qui doit-on s'en prendre si elle avait besoin d'être réorganisée? Depuis long-temps, la discipline de l'Institution royale se trouvait entièrement dans les attributions du Conseil d'administration, et confiée par elle aux soins de *l'Agent général*, agissant au nom du Conseil, n'ayant de compte à rendre qu'au Conseil. Surveillans, chefs d'ateliers, économes, domestiques, infirmiers, tous les employés de l'établissement, hormis les professeurs, relevaient de ce délégué de l'Administration. On n'avait laissé au directeur que l'enseignement, et encore son autorité était-elle exclusivement circonscrite dans les classes. Les salles d'étude même et la classe de dessin étaient hors de ses attributions. Le relâchement où la discipline était tombée accuse donc l'incurie de l'Administration, et l'éloge qu'elle accorde au directeur est sa propre condamnation.

L'examen scrupuleux que j'ai eu occasion de faire de la troisième circulaire, m'ayant appris à me défier des éloges et des promesses dont elle est prodigue, j'ai voulu connaître par des informations directes en quoi pouvait consister cette merveilleuse organisation de la discipline, qui a été jugée digne d'être placée comme un

titre de gloire au frontispice de l'organisation nouvelle.
Voici ce qui m'a été rapporté:

Les élèves ont été distribués en compagnies et en pe-
letons, ayant à leur tête caporaux et sergens, portant
fièrement sur la manche galons de laine jaune, et marchant au son du tambour.

Cette imitation du régime militaire des colléges de
l'empire serait aujourd'hui de mauvais goût partout;
mais dans une institution de sourds-muets! Bon Dieu!

Voilà, si j'ai été bien informé, toute la réforme opérée dans la discipline de l'École. Mais s'il ne s'agissait
que de faire marcher les sourds-muets comme une com-
pagnie de conscrits, était-il nécessaire, pour pareille
besogne, d'aller recruter un honorable officier de l'Uni-
versité? Le plus mauvais sergent de Vétérans du Luxem-
bourg eût fait l'affaire, au moins aussi bien.

(*b*) Les exercices gymnastiques ont reçu une nouvelle impulsion.

Il faut vraiment que l'Institut royal se trouve dans
un bien grand dénûment d'améliorations, pour être réduit à mettre en première ligne de ses améliorations
l'impulsion donnée aux exercices gymnastiques. Nous
avons toujours remarqué dans les sourds-muets le goût
le plus vif pour ces exercices, et je ne vois pas quelle
impulsion les chefs de l'institution ont pu donner à la
gymnastique, à moins qu'ils ne se soient mis eux-mêmes
à faire la cabriole sur le cheval de bois et la culbute sur
les barres parallèles.

J'ai aussi remarqué que, souvent, les succès au gym-
nase sont en raison inverse des succès dans les classes et
dans les ateliers. C'est ce que peut attester la liste des
élèves couronnés à la distribution des prix.

(*c*) L'enseignement du dessin linéaire et celui de la parole
ont été généralisés.

L'enseignement du dessin linéaire a été généralisé,

il est vrai ; mais le dessin proprement dit, le dessin d'imitation, comme dit l'arrêté, a été totalement abandonné.

Qu'il me soit permis de faire au sujet du dessin linéaire une observation non pas comme critique, mais comme sujet de réflexions.

Je ne sais si on s'est bien donné la peine de réfléchir sur l'opportunité du dessin linéaire, et sur les avantages ou les inconvéniens de cet enseignement bien ou mal conçu. Je doute que dans toute l'Institution on trouve deux élèves qui sentent pourquoi, dans quel but, et d'après quels principes, dans le dessin linéaire, la main doit souvent tracer les figures autrement qu'elles s'offrent à la vue ; en un mot, pourquoi dans la classe de dessin linéaire il faut faire une ligne droite, quand pour le même objet vous feriez une ligne courbe dans la classe de dessin d'imitation.

Sans ces notions préliminaires, le dessin linéaire fausse et pervertit le coup d'œil, éteint le sentiment artistique, feu sacré qu'il faudrait conserver et alimenter religieusement, source des plus pures, des plus vives jouissances, instinct sublime qui à lui seul vaut un maître.

Quant à l'enseignement de la parole qu'on prétend avoir été aussi généralisé, c'est au moins une erreur flagrante. Les seuls élèves de première année sont exercés à l'articulation. C'est ce que l'administration ne peut ignorer.

(d) Par là, l'Institution de Paris se range dans la catégorie de celles qui, adoptant un système mixte, associent la parole au langage mimique.

S'il est une institution de sourds-muets qui puisse nous offrir l'enseignement porté au plus haut degré de perfection, par le concours des talens et de l'expérience, ce devrait être l'ancienne école de l'abbé de l'Epée ;

l'Institution royale de Paris, école célèbre entre toutes les écoles du monde, école privilégiée, richement dotée, puissante par le puissant patronage de son administration, et recevant un nouveau lustre des lumières de son conseil de perfectionnement; école Normale, qui naguère se donnait fièrement pour modèle à toutes les autres écoles, et pour centre de toutes leurs communications. Elle avait à leur offrir, des professeurs, des répétiteurs, voire même des *directeurs*. On assure même qu'elle voulait obtenir le privilége de délivrer en France des brevets de capacité pour l'enseignement des sourds-muets. Cette école qui se mettait, sans façon, à la tête de toutes les institutions, qui encore, dans ses circulaires, conserve toute la morgue de sa haute position passée; dispensant à tort et à travers le blâme et la louange avec un ton doctoral, et faisant la leçon aux instituteurs qui s'avisent de n'être pas de son avis; la voilà qui vient d'elle-même se mettre à la remorque de quelques petites institutions étrangères; et qui proclame, à 1500 exemplaires, sa propre dégradation. Remarquez bien que de ces écoles mixtes ou bâtardes, à la suite desquelles l'Institution royale veut se traîner maintenant, on ne nous en citerait pas une qui ait donné quelques solides résultats, ou ait produit des sujets comme Gard, Clerc, Berthier, Beretta, Lenoir, Forestier, etc. Si dans quelques grandes écoles on cultive encore l'articulation, ce n'est plus comme moyen d'instruction; c'est seulement comme un accessoire utile, comme complément de l'instruction pour les élèves qui y ont une aptitude particulière. Dans les grandes et belles écoles des Etats-unis, à peine est-il question de l'articulation. En Angleterre où d'abord l'articulation avait été adoptée comme une des bases de l'enseignement, on a cédé peu à peu à l'expérience, et l'on y a presque entièrement renoncé. C'est précisément au moment où les institutions étrangères avancent, en se perfectionant sur le principe qui a fait long-temps la gloire de l'école de Paris ; c'est en ce moment que le Conseil d'administration veut faire rétrograder cette école célèbre. Mais ce vieil édifice, dont il veut démolir les fondemens pour le reconstruire sur un nouveau plan, craque et menace ruine. Déjà ce n'est plus qu'un chaos qui atteste l'aveuglement et l'impuissance des prétendus réorganisateurs.

(*e*) Il nous serait impossible d'exposer tous les changemens et toutes les améliorations de détail opérées dans l'Institution de Paris.

Pour suppléer au silence de l'arrêté, j'ai voulu savoir quelles pouvaient être ces nombreuses améliorations de détail, mais personne n'en a vu trace dans l'Institution de Paris (1). En supposant que ce silence ne soit pas un

____

(1) Pour compléter le tableau des améliorations opérées dans l'Institut royal, je vais transcrire dans son entier, l'article de la circulaire qui en traite. J'y joindrai quelques observations de ma seconde lettre sur cette circulaire. Or, voici ce que nous trouvons dans la circulaire, pag. 101 et 102 :

« L'Institution de Paris opère chaque année dans son système » d'enseignement les améliorations qui lui sont indiquées par » l'expérience.

» Les exercices d'articulation commencés par M. Valade, con- » tinués ensuite par M. Puibonnieux fils, présentent des résul- » tats satisfaisans ; ils recevront bientôt une application plus gé- » nérale.

» Sur la proposition de M. de Gérando, l'administration a in- » troduit, dans la classe des élèves commençans, un cadre » usité dans les salles d'asile, pour rendre intuitives les premiè- » res opérations du calcul. Ce cadre, qui se meut au moyen de cou- » lisses entre deux montans, est traversé horizontalement par » plusieurs tringles garnies de boules de diverses couleurs.

» Les conférences établies entre MM. et mesdames les profes- » seurs, ont été reprises après la publication de la 2e circulaire. » Plusieurs membres du Conseil d'administration et de perfec- » tionnement ont bien voulu les encourager par leur présence, » et y apporter le tribut de leurs lumières. On a discuté succes- » sivement sur la marche et les procédés de l'enseignement, sur subterfuge pour dissimuler une honteuse stérilité, il est facile de mesurer l'importance de ces améliorations cachées, sur celle des améliorations qu'on a bien voulu offrir à notre contemplation, comme le tambour et les

---

» la formation d'une nomenclature et sur le langage mimique.
» Les résultats de ces conférences ont été consignés dans un re-
» gistre de procès-verbaux.

» Enfin, l'enseignement religieux a été l'objet d'un rapport
» fort intéressant de la part de mademoiselle Octavie Morel, l'une
» des dames professeurs de l'Institution. Le conseil d'adminis-
» tration appréciant tout le mérite de ce travail, arrête qu'il sera
» inséré dans la circulaire *pour le porter à la connaissance de*
» *tous les instituteurs.*

Arrêtons-nous un moment sur ces singulières améliorations. Elles méritent d'être méditées, puisque l'Institut les insère dans sa circulaire pour les *porter à la connaissance de tous les institu-teurs.*

Je ne sais si c'est bien sérieusement que l'Institut royal donne pour amélioration notable, l'introduction, dans l'école, de l'arith-momètre des salles d'asile, espèce de petit joujou emprunté, je crois, aux écoles de Pestalozzi, qu'on voit depuis 25 ans et plus dans toutes les petites écoles d'Allemagne, et même dans vingt petites écoles de Paris.

Je ne suis pas moins surpris qu'au chapitre des améliorations opérées dans l'Institut royal, on porte en compte un simple rap-port. Mademoiselle Octavie Morel est, dit-on, un professeur d'un mérite viril. Son plan d'enseignement religieux peut être fort in-téressant, excellent même ; car il n'est pas nécessaire qu'un plan d'éducation morale ait rien de neuf pour être bon. Il s'en trouve de ces excellens plans dans tous les traités d'éducation. Le tout, c'est de les mettre en pratique ; et c'est ce dont on ne paraît prendre nul souci dans l'Institut royal. Pourvu qu'on vous ait arrangé quel-ques grandes phrases pour la circulaire, ou quelques petites scè-nes pour les séances publiques, on a la conscience tranquille, on se repose en paix ; on se croit sauvé.

Toutefois, ce Rapport révèle un fait qui m'était bien connu, à moi, mais que l'Institut royal n'avait pas encore eu l'ingénuité de publier. Ce sont de ces aveux qui ne se font ordinairement qu'en famille. Mademoiselle Octavie Morel expose comment *on devrait procéder pour cette grande œuvre de l'éducation morale.*

galons de la discipline réorganisée , l'impulsion donnée
aux exercices gymnastiques, et l'articulation généralisée
dans tout l'Institut aux élèves de première année senle
ment.

On devrait!... Vous comprenez quelle leçon est renfermée dans ce
seul mot. Il fait assez entendre, ou qu'on ne s'était pas occupé de
cette grande œuvre dans l'Institut royal, ou qu'on s'y prenait mal.

Que dirai-je maintenant de ces conférences dont on a soin d'en-
sévelir les résultats dans un registre de procès-verbaux, fermé à
tout profane? On a certainement bien raison de les cacher à tous
les yeux, s'ils ressemblent au très petit échantillon que nous en
connaissons.

Il faut convenir toutefois que les institutions étrangères, en retour des renseignemens de toute espèce qu'elles se sont empres-
sées d'envoyer à l'Institut royal, avaient droit d'en attendre
quelque chose de mieux que cette annonce un peu trop dégagée,
*que les résultats des conférences sont consignés dans un registre
de procès verbaux.*

Etablissons le résultat de ces améliorations. Défalquons d'abord
l'arithmomètre , parce que , de bonne foi, une espèce de jouet
d'enfant ne doit pas être compté pour une amélioration , fût-ce
même le jeu de l'oie, perfectionné en jeu de mythologie, de chro-
nologie ou d'histoire. D'ailleurs, *l'arithmomètre*, dont on pouvait
certainement tirer un parti avantageux, a été presque aussitôt
abandonné qu'adopté , selon l'usage de l'Institut royal. Il a partagé le sort de presque toutes les conceptions de l'administration.
Nous retrancherons encore le Rapport *sur l'enseignement religieux ,* car ce n'est qu'un plan tout spéculatif, qui n'a pas même
la consistance d'une mesure arrêtée, d'un projet adopté , d'une
réalité plus ou moins prochaine. Enfin il faut aussi faire le sacri-
fice des résultats de la *conférence*, avortons morts-nés, enterrés
dans un registre que personne n'ouvre. Que va-t-il donc rester à
l'Institut royal ? *Les résultats satisfaisans d'articulation ;* et rien
de plus.

Voilà donc où est tombée aujourd'hui, après soixante ans et
plus, l'école de l'abbé de l'Épée. L'Institution royale est réduite
à nous offrir comme dernier effort de l'art, ce qui dans cette institution naissante paraissait à peine digne d'être présenté en pas-
sant comme un faible accessoire. Mais, que dis-je? on ne peut établir sur ce point aucune comparaison qui ne tourne à la honte

(*f*) Sur l'invitation du conseil d'administration, M. de Gérando a fait un rapport très étendu sur l'organisation de l'enseignement; il a résumé son travail dans une série d'articles
qui, après une mûre délibération, ont été tous adoptés, l'un
après l'autre, pour servir de base au système de l'enseignement
dans l'Institution de Paris.

Ces lignes nous dévoilent la source des désordres qui
règnent depuis long-temps dans l'Institut royal, et ont
amené la ruine de l'enseignement; c'est la continuelle
et déplorable tendance du conseil d'administration à
tout absorber dans ses attributions. Depuis long-temps
le conseil n'avait laissé au directeur que les études exclusivement. Il ne s'est pas arrêté là. Le voilà qui se
charge aussi de régir l'enseignement. Aujourd'hui, si un
professeur s'avise d'aller demander le plus simple
éclaircissement relatif aux classes et aux études; le directeur ne lui répond qu'après en avoir référé au con
seil, si même il ne renvoie directement le professeur à
l'administrateur dirigeant. On voit à quel point l'organisation se trouve par là simplifiée.

Après plusieurs choix malheureux, l'administration
appela M. Ordinaire à la direction de l'Institution royale.
Elle lui avait reconnu toute l'expérience nécessaire pour
cet enseignement spécial. Son nom paraît avec éloge,
dans la circulaire, presque aussi souvent que ceux de
M. de Gérando et de son neveu M. Morel, rédacteur de
cette circulaire. L'administration, en le condamnant au
rôle d'un instrument passif, ne s'est-elle pas aperçue
qu'elle flétrissait son propre choix?

---

de l'Institut royal. Vous n'ignorez pas sans doute que presque
tous les exercices publics de l'abbé de l'Épée s'ouvraient par
quelque discours prononcé par un des élèves, à haute et intel-
ligible voix. Il en est loin de là, à ce qu'on y sert aujourd'hui
au public en fait de *parlage*.

TITRE PREMIER.

DES MATIÈRES DE L'ENSEIGNEMENT DANS L'INSTITUT ROYAL DES SOURDS-MUETS.

Art. 1er. L'enseignement comprend l'enseignement des choses et l'enseignement des signes. Ces deux enseignemens marchent de front et se prêtent un secours mutuel ; l'élève apprend les choses avec leurs signes, et les signes par les choses.

Remarque. Si nous voulions être rigoureusement sévères, cet article nous offrirait facilement occasion de démontrer, dès le premier pas, avec quelle légèreté a été conçu tout ce plan d'organisation.

Si on apprend les signes par les choses, la connaissance des choses a précédé les signes ; et que devient alors cette façon d'axiome : *Les choses s'apprennent avec leurs signes ?* Un signe n'est signe qu'autant qu'il rappelle une chose déjà connue, ou plutôt une idée. Il n'est plus permis d'ignorer aujourd'hui que les sourds-muets, même avant leur instruction, ont une foule de notions de tout genre, acquises sans le secours des signes, et même antérieurement à tout signe. Il n'est pas d'instituteur attentif qui n'ait pu se convaincre que le sourd-muet peut penser, raisonner, réfléchir, sans le secours des signes, quels qu'ils soient. A-t-on voulu dire que le signe nous arrive quelquefois presqu'en même temps que l'idée ? C'est incontestable, c'est trivial ; mais d'une exception il ne faut pas faire une loi générale.

Peut-être a-t-on voulu rappeler que la langue est le dépôt de toutes les connaissances, que le langage est un instrument de transmission et de développement des idées. Il faut vraiment bien torturer les expressions pour en tirer cette vérité banale.

J'aime mieux croire tout simplement que le rédacteur a cédé, à son insu, au plaisir de faire une antithèse.

Mais s'il s'est réellement compris, il aurait bien dû prendre aussi la peine de se faire comprendre.

Art. 2. L'enseignement des choses comprend :
Les principales notions usuelles, relatives à l'individu et aux relations sociales ;
Les élémens de la morale et de la religion ;
Ceux de la géographie et de l'histoire ;
Ceux de l'histoire naturelle et de la physique;
Ceux du calcul et de la géométrie.

Rem. Je ne dirai que peu de chose de cette énumération. Je ferai observer seulement qu'il n'a jamais été question d'enseigner dans l'Institution, les élémens de l'histoire naturelle, de la physique et de la géométrie. Pour ceux du calcul, de la géographie et de l'histoire, on se contente de notions si superficielles, que ce n'est pas la peine d'en faire mention. J'en puis dire autant des principales notions usuelles, *relatives* à l'individu et aux *relations* sociales ; et j'aurais, à ce sujet, à citer des faits qu'on croirait à peine. Quant aux élémens de la morale et de la religion, je m'en réfère aux premières paroles déjà citées du Rapport sur l'instruction religieuse. Cet article fait, du moins connaître que le Conseil d'administration n'ignore pas tout ce qui manque à l'Institut royal.

Art. 3. L'enseignement des signes comprend :
Le développement régulier du langage mimique fondé sur l'analogie ;
Le dessin linéaire et d'imitation ;
La langue maternelle enseignée par l'usage, par l'écriture et par la lecture ;
La dactylologie ;
L'articulation artificielle et l'art de lire sur les livres ;
La grammaire.

Rem. Je ne veux pas m'arrêter au désordre où sont jetés pêle mêle, dans cet article, les *matières* comprises dans l'enseignement des signes. Je ne ferai pas aux rédacteurs de l'arrêté l'injure de supposer qu'ils ont voulu y indiquer un ordre d'enseignement. Toujours est-il que ce désordre accuse une grande légèreté, ou une grande précipitation dans la rédaction, et surtout un esprit peu méthodique; ce qui fait mal préjuger de l'ensemble du plan.

Si nous entrons maintenant dans un examen de détail, nous demanderons ce qu'on entend par *la langue maternelle enseignée par l'usage aux sourds-muets*, dans une grande institution. n apprend une langue par l'usage, quand on vit au milieu de gens qui parlent habituellement cette langue. Mais comment les sourds-muets apprendraient-ils la langue maternelle par l'usage entre eux-mêmes ? Ils ne la savent guère plus les uns que les autres, et les rapports des surveillans et des professeurs avec chacun des élèves individuellement sont trop rares pour entrer en ligne de compte dans un enseignement de cette nature. Après m'être bien mis l'esprit à la torture, j'ai cru découvrir que, par le mot *usage*, le rédacteur a entendu *l'usage des tablettes*, dont il est question à l'article 14... Mais pourquoi n'avoir pas osé dire la chose tout bonnement ?

Quant au développement régulier du langage mimique il est drôle qu'on n'y ait songé que tout juste au moment où l'on voudrait interdire aux élèves l'usage de ce langage (voyez art. 14).

Lorsque j'entrai à l'Institution royale, je trouvai dans cette école, ou plus exactement dans les classes, un système de signes grossiers et obscurs, partie naturels, partie conventionnels et arbitraires. A travers ce langage bâtard, brut, ignoble, incomplet, l'expression la plus pittoresque, la plus élégante, paraissait terne, plate ou bizarre; l'image la plus vive, la plus gracieuse en sortait froide et triviale. La pensée y perdait toute élévation, toute profondeur, toute finesse. Elle restait sans formes, sans couleur, sans vie. Ce n'était plus qu'un squelette hideux, méconnaissable. Aussi, toute la littérature était-elle lettre close pour les pauvres sourds-muets. Bien heureux quand une traduction en signes n'était qu'un non-sens. C'était le plus souvent un contresens continu. Aussi, Dieu sait de quelles erreurs les esprits de ces pauvres enfans étaient farcis! C'est ce que les élèves de cette époque peuvent encore attester. Le fameux sourd-muet M..., ce grand improvisateur de réponses aux exercices publics de l'abbé Sicard, ne comprenait pas *l'Ami des enfans de Berquin*.

Je dévoilai aux sourds-muets, la richesse l'énergie, l'élégance, la flexibilité du langage mimique, et grâce à ce puissant instrument soutenu de l'étude philosophique de la langue, il n'y eut plus de difficulté capable d'arrêter les sourds-muets, point d'auteur, poète ou prosateur, qu'on ne pût mettre à leur portée.

Art. 4. Les élèves sourds-muets, en arrivant à l'Institut royal, seront soumis à un ordre d'épreuves ayant pour objet de reconnaître :

1° Quel est le degré précis de leur surdité;

2° Quelle est leur aptitude pour l'articulation artificielle;

3° Si les facultés intellectuelles ne sont pas atteintes chez eux de quelque *apparence* d'imbécillité.

Art. 5. D'après le résultat de ces épreuves, le conseil d'administration, sur le rapport du directeur, arrêtera les mesures spéciales qui seraient nécessaires, soit à l'égard de ceux qui ne seraient atteints que d'une surdité imparfaite, soit à l'égard de ceux qui seraient jugés incapables d'articuler, soit enfin à l'égard de ceux qui seraient atteints d'imbécillité.

Rem. Voilà des dispositions raisonnables. Pourquoi ne les a-t-on pas mises à exécution ? — Le résultat, facile à prévoir, eût renversé de fond en comble la nouvelle organisation. L'expérience eût prouvé que la moitié des élèves n'ont point aptitude à l'articulation :

et que les neuf dixièmes au moins ne sauront jamais
assez bien lire sur les lèvres pour recevoir l'instruction par ce moyen. Il eût fallu donc faire une classe
exceptionnelle des neuf dixièmes, ou, pour mieux dire, de
presque tous les élèves ! ! !

- Quant aux demi-sourds, déjà la seconde circulaire
nous annonçait (en 1829) que des mesures allaient être
prises à leur égard. Plusieurs rapports avaient été faits
à ce sujet, soit par M. de Gérando, soit par M. Itard.
On a beaucoup parlé, beaucoup écrit, et on en est resté
là. N'est-ce pas, au reste, l'histoire de toutes les ten-
tatives du Conseil d'administration? De pompeuses paroles, de magnifiques promesses pour enfler une circulaire... Et qu'en sort-il ?...

TITRE II.

Art. 6. Le langage mimique, fondé sur l'analogie, conti-
nura d'être concurremment avec le dessein des objets et leur
intuition, le moyen d'*introduction aux études du sourd-muet*,
et à servir de préparation pour l'intelligence de la langue maternelle. Il sera appelé à représenter les choses et les actes pour
leur imposer leurs noms. Son emploi sera graduellement res-
treint dans les classes supérieures, à mesure que les élèves
avanceront dans l'étude de la langue maternelle. Il ne sera
plus employé alors que comme un instrument accessoire d'explication, de contrôle et d'épreuve.

Rem. Voilà, ce semble, un hommage rendu à l'utilité
du langage mimique, hommage bien vain, car ces dispositions si vagues, et par conséquent si faibles, sont contre-
dites et détruites par les termes formels et précis des
articles 11 et 14. (voy. ces artic.)
C'est surtout dans la classe qui termine le cours d'instruction que le professeur a besoin de posséder toutes

les ressources du langage mimique. Quand il s'agit de faire sentir aux sourds-muets les nuances légères qu'une expression heureuse ou un tour ingénieux donnent à la pensée, l'analyse grammaticale est impuissante, et toutes les délicatesses du style se noient et disparaissent dans les périphrases explicatives. Mais la richesse, la flexibilité du langage mimique peuvent rendre sensibles aux yeux toute l'énergie comme toute la finesse de la pensée; toutes les grâces, toute l'élégance des tours et des expressions.

Art. 7. *Les* signes appelés *méthodiques* (c'est-à-dire le langage mimique purement arbitraire et conventionnel) *est* définitivement banni du système de l'enseignement dans l'Institut royal.

Rem. Depuis la réforme opérée dans l'instruction par mes élèves, il n'y était plus question de signes méthodiques. S'il en reste quelques uns, c'est comme termes techniques. Il était donc superflu de décréter par un article spécial le bannissement des signes méthodiques. Mais en supposant qu'un des professeurs eût conservé l'usage des signes méthodiques, comment pourrait-on lui en interdire l'emploi ? Qui serait chargé de prononcer sur la nature de ces signes ? Dans l'état actuel des choses, le Directeur n'en pourrait faire la distinction, pas plus qu'aucun des administrateurs. Enfin en interdisant tel ou tel signe stigmatisé comme méthodique, ne faudrait-il pas indiquer au professeur ce qu'il devrait y substituer ? Et qui oserait aujourd'hui prendre en main cette direction ? Qui oserait violer l'indépendance que la Rotation garantit à chaque professeur ?

Art. 8. L'articulation et l'art de lire sur les livres seront enseignés aux élèves par les professeurs respectifs, assistés par les maîtres et les maîtresses d'études, les aspirans et les aspirantes.

Rem. Nous ferons d'abord observer, (et nous prions qu'on ne l'oublie pas), que les professeurs n'ont pas continué trois jours l'enseignement de l'articulation et de la lecture sur les lèvres. Quelques professeurs même n'ont pas daigné faire une seule fois cet essai. Cet article repose sur deux suppositions également erronées: la première, que tous les élèves (car on n'établit aucune exception) sont capables d'apprendre à parler et à lire sur les lèvres; la seconde, que tous les professeurs sont aptes à enseigner l'articulation; à cet égard non plus, il n'est fait aucune exception. Cependant il y a dans l'institution des professeurs sourds-muets, et certainement ce ne sont pas eux qui donneront des leçons d'articulation. C'est ce que le Conseil d'administration ne pouvait ignorer, pas plus qu'il ne pouvait ignorer que la moitié au moins des élèves n'ont point d'aptitude pour l'articulation. Ces deux *ignorances* se tiennent; l'une est la conséquence de l'autre. En reconnaissant d es sourds-muets sans aptitude pour la parole, il eût fallu en faire une classe spéciale, classe bien nombreuse. Pour cette classe les professeurs sourds-muets eussent pu faire valoir leurs titres, et le résultat comparatif de l'enseignement par l'articulation, et de l'enseignement par le langage mimique, n'eût pas été probablement à l'avantage du nouveau système renouvelé du quinzième siècle.

C'est cependant sur une interprétation forcée de cet article 2 qu'on a voulu s'appuyer pour exclure de l'enseignement les professeurs sourds-muets, ou du moins pour en faire de simples répétiteurs. Ce n'est qu'après une lutte opiniâtre de plus d'une année qu'ils ont obtenu d'être réintégrés dans leurs fonctions, et encore n'est-ce que provisoirement. Pareille tentative avait été aite il y a quelques années. Le rapprochement est digne d'attention. Voici ce que nous trouvons dans la deuxième circulaire (1829) : Art. 2. *L'administration a adjoint dans chaque classe à l'instituteur entendant-parlant un sourd-muet répétiteur.* Or cette mesure, que la circulaire donne comme chose établie, n'a jamais eu lieu. Il est vrai qu'on avait adressé au ministre une proposition dans ce sens ; le rédacteur de la circulaire, ne doutant pas du succès, s'était empressé de chanter victoire ; mais le ministre ordonna qu'on respectât les droits acquis, et la deuxième circulaire est restée comme un monument de la légèreté du Conseil dans l'adoption de ses circulaires, et en même temps de la persévérance avec laquelle ce projet a été suivi jusqu'aujourd'hui.

Art. 9. *Cet enseignement leur sera donné dès leur arrivée dans l'Institut royal, et continuera assidument jusqu'à ce qu'ils soient en état de faire usage de ces deux moyens de communication.*

Art. 10. Les élèves sourds-muets, à leur arrivée dans l'Institut, seront, pendant les heures destinées au travail des ateliers, exercés dans la première année, sous la direction des maîtres et des maîtresses d'études, à l'écriture, au dessin linéaire, à l'articulation artificielle, à l'art de lire sur les livres.

Rem. L'articulation n'est plus enseignée qu'aux élèves de première et de seconde année, jamais dans les classes ni par les professeurs. Le directeur seul paraît s'en occuper encore sérieusement : c'est toute la part qu'il prend à l'enseignement. Les maîtres d'étude n'ont reçu qu'à contre-cœur le fardeau que les professeurs ont si lestement rejeté sur leurs bras.

Art. 11. *Chacun* des professeurs de l'Institut royal sera, tour à tour, chargé de recevoir la classe des élèves nouvellement arrivés. Il les conduira, sans interruption, jusqu'au dernier terme de l'instruction. *Chaque professeur* exécutera aussi le cours entier de l'enseignement pour les mêmes élèves.

Toutefois si, à une époque quelconque, un élève était reconnu trop faible pour suivre le même cours avec ses camarades, il pourrait, avec l'autorisation du directeur, être renvoyé au cours suivant.

Rem. *Chacun des professeurs, chaque professeur !* Il faut sous-entendre : excepté les professeurs sourds-muets ; car on a refusé de les admettre au concours de la rotation: Si, après de longs et violens débats, on a été forcé de les rétablir dans leurs fonctions, ce n'est qu'avec des restrictions, et sans que cette *concession puisse tirer à conséquence pour l'avenir.*

Le dernier paragraphe de cet article nous offre une nouvelle preuve de l'imprévoyance des auteurs de l'arrêté :

La rotation laissant à chaque professeur toute liberté dans son enseignement, chacun, nous l'avons dit, veut avoir sa méthode. Qu'arrivera-t-il si un professeur, jugeant un de ses élèves trop faible pour sa classe, veut le faire passer dans une autre classe où tous les procédés seront nouveaux pourlui, et nouvelle aussi la distribution des matières de l'enseignement? Le professeur sur lequel on voudrait se décharger de ce fardeau, ne pourra-t-il pas dire aussi, de son côté, que ce même élève est aussi trop faible pour sa classe? Ne pourrait-il pas même soutenir que ses élèves sont plus avancés que ceux de la classe supérieure? Ce n'est pas chose inouïe que pareille prétention dans l'institution, quoique la rotation n'y ait encore qu'une année d'existence. Je n'en veux d'autre preuve que le mémoire adressé, à ce sujet, par un des professeurs au Conseil d'administration.

Art. 12. L'enseignement de chaque professeur embrassera toutes les branches de l'instruction.

Rem. J'ai déjà dit quel est l'enseignement dans l'Institut royal, et à quoi se réduit la fastueuse énumération de l'article 2.

Si l'on m'objecte que l'enseignement sera plus complet à l'avenir, je demanderai à mon tour si l'administration a fait subir à messieurs et mesdames les professeurs un examen préalable sur l'universalité de leur instruction, et si elle leur a trouvé à tous toute la capa

cité convenable pour l'enseignement de toutes les branches de l'instruction.

Art. 13. L'enseignement sera donné, dès la première année
et pendant toute la durée du cours, concurremment à l'aide
de l'écriture, et à l'aide de l'articulation artificielle combinée
avec la lecture sur les lèvres.

A cet effet, chaque leçon donnée par l'un de ces deux ordres
de signes, sera répétée par l'autre, de manière à établir une
certaine correspondance entre la valeur des caractères de l'écriture et celle des signes qui, pour le sourd-muet, peuvent se
lier à l'articulation.

Rem. L'enseignement qui doit se continuer pendant toute
la durée du cours d'instruction, n'a pas résisté, on le sait,
à deux jours d'expérience. Nous ne pouvons rien dire de
la *certaine correspondance;* nous avouons, à notre honte,
que nous n'y avons rien compris. Les auteurs de l'arrêté
sont peut-être plus heureux que nous.

Art. 14. Dans toutes les communications que les élèves auront hors des classes, soit entre eux, soit avec d'autres personnes, pendant le cours des récréations, des promenades,
pendant les repas, pendant le travail des ateliers; ils ne s'entretiendront qu'à l'aide de leurs tablettes ou de l'articulation,
ou de la dactylologie, et ces moyens seront les seuls dont on
fera usage pour s'entendre avec eux.

*Rem. Les élèves ne s'entretiendront plus qu'à l'aide de
leurs tablettes,* ou de l'articulation ! ! !

J'ai assez démontré dans *l'Essai sur les sourds-muets*
(1817) *et dans le Journal des sourds-muets,* combien pareille tentative est insensée et tyrannique, mais aussi,
par compensation, combien elle est impuissante. En-
trez dans une école de sourds-muets. Quelle expression
dans leur physionomie, quels gestes rapides, quelle vi-
vacité, quelle énergie dans leur pantomine! Ces enfans
si vifs, si gais, si pétulans, figurez-vous-les tout-à-coup

droits ; raides, immobiles comme des statues, rangés
en rond, tablettes en main, l'œil fixe, cherchant péniblement les traces d'une pensée sur les lèvres grimaçantes
d'un de leurs camarades, qui se consume en stériles efforts pour exprimer, par la parole ou sur sa tablette,
quelques idées qu'un geste eût fait jaillir comme un
éclair à tous les yeux. Est-il autorité humaine qui puisse
obtenir pareille victoire sur la nature, et exercer si
horrible violence sur la pensée ? Autant vaudrait essayer
de pétrifier l'intelligence, et de solidifier la pensée.

*Tous les élèves ne s'entretiendront entre eux qu'à l'aide de
leurs tablettes!!!* Quoi, tous ? vous n'établissez aucune exception ? aucune distinction ? Mais les plus habiles de
vos élèves, après cinq ans d'études, ne peuvent qu'à
grande peine exprimer leurs pensées, et encore ! —
N'importe, l'Administration le veut. — Mais, bon nombre de ces enfans ne savent pas construire une phrase ?
— N'importe ! — Un sixième d'entre eux ne connaît pas
même les lettres ? — N'importe encore une fois ! l'Administration l'a ainsi arrêté. — Mais c'est absurde. —
Telle est sa volonté. — Il n'y a plus rien à répondre.
Elle veut donc resserrer à jamais leurs pensées dans le
cercle étroit des mots qu'ils connaissent ; elle veut donc
tenir leur esprit à la chaîne ! Ignore-t-on que c'est la rapide communication des élèves entre eux par le langage
mimique, qui stimule, développe leur intelligence, et la
prépare à recevoir l'instruction méthodique ?

Pourquoi tant insister ? Devons-nous supposer aux auteurs de ce plan la vue assez bornée pour n'en avoir pas
prévu le résultat ? Il n'est pas possible qu'on ait songé
sérieusement à le mettre à exécution. Mais puisqu'on
nous le donne pour l'œuvre de gens graves et sensés,
nous ne pouvions nous dispenser de l'examiner sérieusement aussi.

Art. 15. Les prières communes seront faites par l'articulation. Le même mode sera employé aussi pour certaines leçons communes.

Rem. Nous avons déjà parlé de ces dispositions. (Voyez page 12-14).

TITRE III.

MOYEN DE PRÉPARER LES PROGRÈS DE L'INSTRUCTION.

Art. 16. Le directeur fera recueillir et rassembler les divers travaux du Conseil de perfectionnement et du Conseil d'administration, relatifs à l'éducation des sourds-muets, et en fera dresser, par un ou plusieurs des professeurs, un extrait méthodique qui rappelle sommairement *les améliorations qui ont été indiquées à diverses époques*.

Le tableau renfermant ce résumé sera soumis à l'approbation définitive du Conseil d'administration et du Conseil de perfectionnement.

Art. 17. Chacun des professeurs de l'Institution est invité à présenter au directeur, d'ici au premier août prochain (1832), ses vues sur la marche de l'enseignement, en se conformant fidèlement aux bases tracées dans la *présente*. Ces vues seront renfermées dans des tableaux méthodiques formant le programme de chaque branche d'enseignement.

L'ensemble comparé de ces tableaux sera soumis par le directeur, avec ses propres observations, au Conseil de perfectionnement et au Conseil d'administration, dans leur séance du mois d'août prochain.

Art. 18. A la fin de chaque année, les professeurs présentent de nouveau, dans la même forme, le résultat de leurs observations sur l'enseignement qui leur est confié.

Art. 19. Il y aura dans chaque classe, par les soins du directeur, un examen mensuel des élèves, et le résultat de ces examens sera mis chaque mois sous les yeux du Conseil d'administration. Les résultats seront consultés à la fin de l'année pour la distribution des prix.

Rem. Ces dispositions, d'intérêt secondaire, sont sages. C'est dommage qu'elles aient subi le sort de tout c qui émane du Conseil. Une fois ensevelies dans la circulaire, personne n'y a plus songé.

Ce n'est qu'après avoir achevé sa réorganisation, sans expérience personnelle, sans daigner consulter les instituteurs et les professeurs, sans même prendre la peine de s'éclairer des observatious journalières qu'offre une si nombreuse institution ; ce n'est qu'après avoir mis la dernière main à cette œuvre de présomption, que l'Administration, venant à se rappeler que des améliorations lui ont été indiquées à diverses époques, décide qu'on les rappellera plus tard ; comme si elle craignait que les lumières ne vinssent éclairer trop tôt son plan !

Chacun *des professeurs est aussi invité à donner ses avis sur la marche de l'enseignement;* mais en se conformant aux *bases de la présente.* Alors même qu'il trouverait ces bases absurdes, il faudra qu'il y conformeses vues. Est-il rien de plus logique, de plus raisonnable, de moins tyrannique?

Pour compléter nos observations sur ces trois articles, il faudrait dire quelques mots du Conseil de perfectionnement, mais nous aimons mieux, pour ne pas nous répéter, renvoyer aux réflexions que nous aurons à faire sur ce conseil à la fin de cet examen.

Art. 20. Le directeur fera composer sous ses yeux, par un ou plusieurs des professeurs, une série de lectures graduées, destinées à l'usage des sourds-muets, et embrassant les diverses matières de l'enseignement. Ces ouvrages seront mis, chaque année, sous les yeux du Conseil de perfectionnement et du Conseil d'administration réunis.

Rem. La deuxième circulaire (1827) donnait à savoir à toutes les institutions de l'Europe, de l'Asie et **de** l'Amérique, que le conseil d'administration de l'Institut royal de sourds-muets de Paris avait mis au concours la composition de lectures graduées pour les deux elasses de commençans de l'Institut royal. On s'attendait donc à trouver dans la troisième circulaire le résultat de ce concours. Mais pas un mot ; et pour cause. Il en a été de ce concours comme de toutes les bonnes conceptions du Conseil. L'occasion était cependant bien belle pour les professeurs de l'Institut royal, et surtout pour les professeurs des deux classes de commençans, à qui le livre était destiné. Ils n'auraient eu, ce semble, qu'à mettre au net leurs leçons journalières. Ils ne pouvaient douter de l'indulgence de leurs juges, choisis dans les deux conseils, et qui, au besoin, les auraient aidés de leurs lumières. Ils ne profitèrent pas de ces avantages. Aucun ne descendit dans la lice. Cependant, rien n'avait été négligé pour encourager la timidité, et aiguillonner l'émulation. Le concours n'avait lieu qu'entre les professeurs de l'Institution, et le prix devait être décerné au nom et aux frais du Roi même. La victoire ne pouvait manquer d'établir la supériorité du lauréat. S'il est honteux de chercher à supplanter ses rivaux par l'intrigue ou la faveur ; il est beau, il est honorable de leur disputer la palme dans une lutte au grand jour, et de l'emporter sur eux par la supériorité du talent, et par d'utiles travaux. Nous regrettons que MM. les professeurs soient restés insensibles à ce puissant aiguillon, car peut-être attribuera-t-on cette incroyable apathie à tout autre motif que la timidité.

Ces lectures graduées, que l'espoir d'une couronne n'a pu arracher du zèle des professeurs, s'est-on sérieusement flatté que le Directeur pourrait l'obtenir d'eux par le seul ascendant de sa volonté? On n'y songe déjà plus.

Art. 21. Il sera exécuté sans délai, par les soins du directeur et sous ses yeux, une série de tableaux destinés à être exposés aux yeux des élèves dans les lieux de leurs réunions, et propres à résumer pour eux les notions les plus usuelles.

Art. 22. Il sera exécuté de même une série de dessins lithographiés destinés à retracer les objets de l'enseignement, et
propres à être exposés aux yeux des élèves dans les lieux de
leurs réunions.

Rem. M'étant rendu, il y a quelque temps, à l'Institution royale, je m'informai où l'on en était de la composition de ces tableaux et de ces dessins lithographiés. On
ne parut pas même savoir de quoi je voulais parler,
tant les décisions de l'administration laissent une trace
profonde dans l'Institut royal ! Je croyais du moins que
les professeurs auraient fait exécuter, dans leurs classes,
des tableaux pour leur enseignement particulier ; car
les sourds-muets ne s'instruisent vite et bien que par
les yeux. Demander à visiter les classes en exercice,
c'eût été m'exposer à un refus ; je me bornai donc pru-
demment à solliciter la permission de voir le matériel
des-classes ; car à un homme exercé, l'instrument suffit
pour mesurer l'intelligence de l'ouvrier. — Le matériel
des classes !!! A ces mots, chacun ouvrit de grands yeux.
Il semblait que je parlasse hébreu. Toutefois, l'autorisation ne me fut pas refusée. M. l'Agent, avec une com-
plaisance infinie, eut la bonté de me conduire dans toutes les classes. Grand fut mon désappointement: pas un
tableau, pas un dessin ! Pas une gravure, pas même un
pauvre petit livre de lecture!

Ici s'offre une réflexion pénible. S'il ne s'agissait que
d'une école ordinaire, on pourrait se permettre de rire
un moment, en secret, de cette grave assemblée suant
a ng et eau pour enfanter de beaux projets et nous allé-
cher de magnifiques promesses, qu'elle lance par la circulaire aux quatre coins de la terre, mais qui ne laissent
pas trace dans l'Institut, d'où partent toutes ces belles
choses. Le mal, le grand mal, qui devrait être un grand
sujet de remords, c'est que, non contente de ne pas faire
le bien qu'elle promet, l'Administration arrête encore

le bras de ceux qui voudraient le faire. Et quel est en effet l'instituteur qui oserait entrer en concurrence avec l'Institution royale, et lui disputer l'honneur de ces travaux qu'elle a tant de moyens d'exécuter?

Art. 23. Il y aura pour les élèves, dans l'intervalle des classes, des heures réservées aux répétitions; les maîtres et maîtresses d'études auront soin de surveiller et de corriger l'usage que les élèves feront, hors des classes, soit de leurs ta blettes par l'écriture, soit de l'articulation artificielle.

Rem. L'articulation a été abandonnée dès la première semaine. L'usage des tablettes, comme moyen habituel de communication des sourds-muets entre eux, aurait presque l'air d'une mauvaise plaisanterie. Voilà donc l'article annulé de fait. Mais supposons que l'articulation et les tablettes aient eu tout le succès que l'administration eût pu désirer. Relisez cet article; et comptez, je vous prie, combien on peut accumuler de contra- dictions et de non-sens dans un espace de cinq lignes. Est-ce *durant les heures réservées aux répétitions* que sera corrigé l'usage que les élèves font, hors des *classes*, de l'articulation et de leurs tablettes? Est-ce pendant le cours de la récréation, que deux maîtres d'études corri- geront *l'usage de l'articulation et des tablettes* de cent élèves à la fois?

Art. 24. Les formes de l'enseignement mutuel seront, autant qu'il est possible, appliquée à la distribution des classes et à la marche de l'instruction; à cet effet, les élèves de chaque classe seront répartis par le professeur en divisions, des moniteurs généraux et particuliers seront désignés tous les mois par le professeur. Le rang des élèves, dans la classe ou dans la divi sion, sera, à chaque instant, déterminé par le mérite respectif de chacun d'eux.

Rem. Les formes de l'enseignement mutuel peuvent être appliquées avec avantage à l'instruction des sourds-muets. J'en ai fait un heureux emploi, à l'Institution royale, quand je réunissais quarante-cinq élèves dans ma classe.

Au moyen de l'enseignement mutuel on pourrait doubler, tripler, quintupler le nombre des élèves d'une institution sans augmenter le nombre des professeurs. C'est donc un des élémens nécessaires à la solution du problème de l'*Instruction des sourds-muets à bon marché*, objet des vœux de tout ami des sourds-muets, but de tous les efforts de l'instituteur vraiment jaloux des progrès de l'art. Mais les formes de l'enseignement mutuel ne sont de quelque utilité que dans une classe très nombreuse. Qu'est-ce que l'enseignement mutuel dans une classe de douze élèves? D'ailleurs il faut pour ce genre d'enseignement une série de tableaux embrassant en détail toutes les matières de l'instruction. Et qui, dans l'Institut royal oserait entreprendre ce travail, quand jusqu'ici on n'a pas même essayé de composer un petit livre de lecture pour les commençans?

N'oublions pas que les leçons doivent maintenant se donner par la parole. Quelle ingénieuse conception que d'établir des moniteurs sourds-muets pour corriger les fautes d'articulation! Rappelons-nous l'essai qui en fut fait en séance publique, avec les coryphées de la parole. (Voy pag. 20-21.) Cependant la leçon avait été préparée et répétée pour produire un grand effet.

Art. 25. Les promenades des élèves seront toujours dirigées, et autant que possible employées dans un but d'instruction. Le directeur en arrêtera le programme dans cet esprit.

Le jardin de l'Institution royale sera employé à exercer les élèves à l'horticulture et aux opérations rurales.

Rem. Comment l'administration a-t-elle pu insérer dans son arrêté la seconde partie de cet article! Ignorait-elle que le jardin n'est plus à sa disposition, puisqu'elle-

même, en infraction aux lois, l'a loué à un jardinier fleu
riste pour neuf ans ?

Art. 26. Indépendamment des professeurs ordinaires, il *pourra* être établi des professeurs auxiliaires, chargés d'un enseignement spécial.

Art. 27. Cet enseignement aura pour objet l'emploi du langage mimique, la composition par écrit, et les diverses parties de l'instruction relative aux choses ; il *pourra* être confié à des professeurs sourds-muets.

Rem. Ces deux articles semblaient destinés à offrir un dédommagement aux professeurs sourds-muets exclus de la *rotation* ; ils eurent un moment cette espérance ; mais leur illusion fut de courte durée, car bientôt le Directeur leur déclara, et avec quelque raison, qu'il n'entrevoyait ni l'utilité d'établir des professeurs auxiliaires, ni même la possibilité de le faire sans jeter la confusion dans l'enseignement.

Quelle a donc été la pensée qui a dicté ces articles 26 et 27? des dispositions si précises, si explicites ne peuvent avoir été jetées là, au hasard, et sans intention.

Art. 28. Les procès verbaux des conférences des professeurs sous la présidence du directeur, seront mis, tous les ans, sous les yeux du conseil d'administration et du conseil de perfectionnement avec un résumé méthodique et analytique.

Rem. J'ai déjà dit quelques mots des conférences : il y a six ans qu'on nous en parle ; c'est la montagne en travail. De ce concours des efforts réunis de tous les professeurs de l'un et de l'autre sexe, devait naître quelque merveille. Qu'en avons-nous vu? Un pauvre petit résumé de ses travaux fut publié il y a trois ou quatre ans, je crois, par une commission nommée *ad hoc*. Personne n'y songeait plus. Je croyais la conférence morte et enterrée avec ses œuvres, quand la troisième circulaire est venue apprendre au monde que la conférence continue ses travaux, et que le résultat en est conservé dans un registre de procès-verbaux. Puisse-t-elle bientôt nous en exhumer un nouvel échantillon pour notre instruction ou notre amusement!

Art. 29. Chaque année, à l'époque de la distribution des prix, le Conseil d'administration et le Conseil de perfectionnement se réuniront pour prendre connaissance des divers objets ; ils doivent leur être presentés d'après les dispositions qui précèdent, pour vérifier l'exécution que toutes les dispositions de la présente délibération auront reçue et s'assurer du résultat qu'elles auront produit.

Rem. Ai-je besoin de dire qu'aucune de ces dispositions n'a été mise à exécution ? on s'en est bien gardé. Qu'aurait-on eu à présenter aux deux conseils réunis? C'eût été une vraie mystification.

Art. 30 et *dernier.* La présente délibération sera adressée à M. le ministre secrétaire d'Etat au département des travaux publics et du commerce, et communiqué par le directeur de l'Institut royal à chacun des professeurs.

Rem. Cet article 30 et l'article 11 sont les seuls de cet arrêté qui aient été exécutés. Or comme l'article 30 n'est que de simple formalité, on peut dire que toute cette organisation s'est réduite, en fait, à un seul article. Et voilà l'œuvre pour laquelle un des administrateurs, dont tous les momens sont réclamés par les affaires publiques ou la philantropie, a perdu son temps à rédiger un *rapport très étendu* sur l'enseignement, à le réduire ensuite en forme d'arrêté; à le faire adopter par le Conseil et approuver par le ministre. Voilà l'œuvre qui a été jugée digne d'être imprimée pour être portée à la connaissance de tous les instituteurs de l'Europe, de l'Asie et de l'Amérique, sans doute comme un modèle à imiter.

Quel est le but de cette organisation? m'étais-je dit en commençant cet examen ; et je m'étais mis à l'œuvre, déchirant l'un après l'autre comme de vaines enveloppes tous les articles non exécutés de l'arrêté, pour en découvrir les vues fondamentales. Il m'est resté, en dernière analyse, la rotation et un essai d'articulation. Il faut donc sonder, encore une fois, cette rotation et cette articulation, et nous assurer s'il n'y a rien là-dessous.

L'articulation, nous l'avons dit, pourrait être employée comme un des moyens d'instruction dans une éducation privée; et encore faudrait-il que l'élève y eût aptitude. Mais, dans une grande institution, l'articulation ne peut être qu'un objet d'enseignement secondaire ou complémentaire. Aussi a-t-elle été abandonnée dès les premiers jours, par tous les professeurs; et elle n'a servi qu'à fournir un pitoyable prétexte pour exclure de l'enseignement les professeurs sourds-muets.

Avant d'adopter l'articulation artificielle et la lecture sur les lèvres pour principaux instrumens de l'enseignement, n'était-il pas conforme aux lois du plus vulgaire bon sens de s'assurer si tous les sourds-muets peuvent parvenir à parler et à lire sur les lèvres. Or voilà quatre ans que des classes d'articulation sont établies dans l'Institution royale; voilà deux ans que le Conseil a réorganisé l'enseignement sur ces nouvelles bases; et aujourd'hui encore ce même Conseil ne pourrait dire s'il y a plus ou moins de la moitié des élèves qui montrent suffisante aptitude à l'articulation et à la lecture sur les lèvres. Est-ce négligence, ou insouciance? N'est-ce pas plutôt crainte d'avoir à confesser son erreur et sa légèreté?

Admettons pour vraie la supposition erronée que le conseil a prise pour base de son plan. Admettons que la grande majorité des sourds-muets aient toutes les dispositions désirables pour l'articulation et la lecture sur les lèvres: quelles seraient les conséquences du système proposé?

Par le simple langage des gestes, on peut donner au sourd-muet toutes les connaissances dont il a besoin, avant même qu'il ait appris la langue écrite.

Par la parole vous ne pouvez lui rien enseigner, qu'il ne sache préalablement la langue qui est votre instrument d'instruction. Or, de toutes les connaissances, c'est, pour le sourd-muet, la plus longue et la plus difficile à acquérir. Et comme pour interpréter la parole vous n'avez guère que la parole, il arrivera que nombre de vos élèves, après cinq ans d'étude, n'ayant pu apprendre suffisamment la langue, n'auront pu, par conséquent, rien apprendre.

Par le langage des gestes, un sourd-muet instruit peut transmettre son instruction à ses frères : votre système lui enlève cette consolation.

Par le moyen du langage mimique le même professeur peut instruire à la fois vingt, trente, quarante, et cinquante sourds-muets réunis dans une classe ; pourrai-t-il en instruire plus de dix par la parole? Il faudrait donc trois fois plus de professeurs, et par conséquent trois fois plus de frais. Et comme il n'y a pas apparence que des procédés plus pénibles et moins certains augmentent le nombre des professeurs, en proportion des besoins du nouveau mode d'enseignement, il s'ensuit que le système adopté par le Conseil nous enlèverait l'espoir de pouvoir appeler progressivement un plus grand nombre de sourds-muets au bienfait de l'instruction ; et c'était là l'avantage caractéristique de la méthode de l'abbé de l'Epée.

Poussons enfin le principe à sa dernière conséquence. On veut que la parole soit le principal objet et le principal instrument de l'instruction. Nous avons déjà dit que le sourd-muet ne peut acquérir l'usage de la parole que par un exercice continuel. Or, quoi qu'on fasse, les sourds-muets réunis s'entretiendront toujours entre eux de préférence par le langage mimique. Il faut donc les isoler les uns des autres, et les mettre en rapports habituels avec des *parlans* pour les obliger à faire usage de la parole. Il n'y aurait donc rien de mieux à faire que de dissoudre les écoles de sourds-muets, et tout d'abord l'Institution royale, pour répartir les élèves dans des pensions de parlans. Cette idée (1) ne peut paraître absurde au Conseil, qui a mis quelque part en principe, que l'instruction peut être donnée par la parole aux sourds-muets comme aux enfans ordinaires : nous doutons toutefois qu'on veuille en venir là.

Quant à la rotation, si elle était subordonnée à un plan général adopté d'un commun accord par tous les professeurs, et soumis à un conseil régulier, ce mode d'enseignement offrirait quelques avantages. Mais ces avantages en contrebalanceraient-ils les difficultés et les inconvéniens? c'est une question qui n'est pas encore résolue. Mais la rotation, avec l'indépendance absolue de tous les professeurs, ne peut que jeter l'enseignement dans le chaos.

Des dix professeurs de l'Institution, combien en comptez-vous qui pourront sans aide, sans guide, sans aiguillon, fournir toute la nouvelle carrière d'une manière satisfaisante? Trois ou quatre peut-être; car les gens marchant seuls de leur mouvement spontané et sans impulsion extérieure, n'ont jamais été en majorité. Rare fut toujours l'espèce primesautière.

Voilà donc l'enseignement perdu pour les deux tiers des élèves de l'Institution, peut-être pour les trois quarts; que sais-je? Il ne fallait rien moins que le choix d'un directeur sans expérience aucune de l'enseignement pour justifier le désordre anarchique de la rotation. Ce désordre empirant, justifiera l'avènement d'un directeur prédestiné. Celui-ci, à son tour, justifiera la faveur dont il sera l'objet par les nombreuses et faciles améliorations qui sem-

---

(1) L'admission des sourds-muets dans les écoles ordinaires pourra quelquefois présenter quelques avantages, mais ce ne serait pas d'après le principe qui fait la base de l'arrêté.

L'abbé Sicard refusait d'admettre les demi-sourds dans l'Institution, et engageait les parens à les envoyer aux écoles ordinaires.

blent lui être tenues en réserve. Il renouvellera la face de l'Institution, et inscrira son nom radieux à côté de celui de l'abbé de l'Epée. Que les amis des sourds-muets pressent de leurs vœux cette heureuse révolution qui doit donner à l'Institut royal une nouvelle vie, pleine de force, de jeunesse, de progrets et d'avenir. Mais, pour Dieu! qu'on se hâte, car le mal empire, la gangrène va gagner jusqu'au cœur. Il y aurait cruauté à laisser périr une si belle institution, s'il est vrai qu'on ait sous sa main l'homme qui doit la sauver.

Aussi bien le Conseil doit commencer à être dégoûté du rôle de directeur anonyme dont il s'est chargé pour en faire un si malheureux essai. Il est évident qu'après avoir pris part à cette œuvre, on ne peut plus se mêler de l'enseignement des sourds-muets.

Nous avons fait connaître l'état actuel de l'enseignement dans l'institution. Pour compléter ce tableau, nous allons parcourir rapidement toutes les branches de cet établissement.

Education industrielle.

Nous n'ajouterons que peu de mots à ce que nous avons déjà dit de l'éducation industrielle.

La première circulaire (1827) annonçait que l'administration *s'était occupée de créer un système d'atelier offrant aux sourds-muets l'apprentissage du genre de travaux industriels dont ils sont le plus capables.*

J'ai vu autrefois dans l'Institution, une imprimerie, un professeur de gravure sur pierres fines, et un de gravure en taille douce ; les ateliers de dessin, de mosaïciens, etc., on n'a conservé que les ateliers de dessin linéaire, de cordonniers, de menuisiers, de tailleurs, et de tourneurs sur bois. Il faut y ajouter l'atelier plus récemment établi de relieurs, dirigé avec zèle et talent par M. Lesné, auteur d'un poème didactique sur la reliure.

Est-ce donc là ce système d'ateliers qu'on avait jugé digne d'être annoncé au monde, comme le mieux approprié aux besoins des sourds-muets?

Croyez donc aux assertions et aux promesses de la circulaire.

L'on remarquera que parmi ces ateliers il n'y en a aucun pour l'école des sourdes-muettes. Cependant, elles sont bien dignes aussi de la prévoyante sollicitude du Conseil, ces pauvres filles, délicates et timides, exposées à tant de dangers quand elles sont sorties de l'Institution ; car elles ne doivent pas, elles ne peuvent pas toutes entrer dans la *Maison de refuge* récemment fondée par les soins d'un comité de dames charitables.

On dit que dans l'Institut royal on est obligé d'avoir à l'année des ouvrières pour raccommoder le linge, alors il s'y trouve soixante jeunes filles qui ont besoin d'apprendre à coudre.

Toutes ces jeunes filles ont donc encore à faire leur apprentissage, après avoir passé six ans dans l'Institution ; et cet apprentissage tardif, à l'âge de dix-neuf ou vingt ans, ne peut guère leur donner cette adresse et cette diligence des doigts qui ne s'acquiert que par une habitude prise de jeunesse. C'est ce que pourrait sans doute attester mademoiselle Méchin, qui dirige la Maison de refuge avec un zèle et un dévouement au-dessus de tout éloge.

Nous ferons observer enfin que les sourds-muets ouvriers ne peuvent soutenir la concurrence avec les parlans que par une grande supériorité de main-d'œuvre : c'est ce que l'instituteur ne devrait jamais perdre de vue.

De l'Institut royal considéré comme école Normale.

Quand il est notoire qu'il y a absence de méthode dans une école , n'est-il pas absurde de vouloir la constituer en Ecole Normale? Telle est cependant la prétention de l'Institution royale. On y admet gratuitement un nombre indéterminé de jeunes gens qui, sous le titre d'aspirans, y sont logés et entretenus pour étudier la méthode, qui n'existe pas , et vont faire tranquillement leur cours de droit ou de médecine. J'en ai connu un qui est resté deux ans dans l'Institution sans assister une seule fois aux leçons. C'est vraiment commode d'avoir ainsi une auberge *gratis*.

Si par malheur une ville, ou un Etat, ou un père de famille demande un professeur, un instituteur, n'importe , l'Institution en a une collection complète au service du public. Qu'on lui demande une demi douzaine de directeurs, elle les a tout prêts sous sa main pour les autres, tandis qu'elle n'en peut pas trouver pour elle-même.

L'Etat de New-York ayant demandé, il y a trois ans, un instituteur expérimenté pour former des maîtres d'après la méthode française , l'Institution royale y envoya un jeune aspirant qui n'était que depuis trois mois dans l'Institution , et qui n'avait même jamais fait une classe. N'est-ce pas une sorte d'abus de confiance?

Du Conseil de perfectionnement.

C'était cependant une assez heureuse idée que celle de la création de ce Conseil, quoi qu'à bien dire, il serait difficile de déterminer quelle aurait pu être la nature de ses travaux. Il n'était pas présumable que des savans chargés de nombreuses occupations qui absorbent sinon toutes leurs pensées, du moins tous leurs momens, voulussent prendre la peine de venir faire une étude nouvelle toute spéciale de cet enseignement; dont, après quinze ans et plus, MM. les Administrateurs n'ont pu connaître les premiers principes.

Néanmoins, le seul rapprochement des savans membres du conseil de perfectionnement, avec les professeurs, si leurs relations eussent été régulières, eût forcé ces derniers à sortir des théories nuageuses dont ils n'ont encore que trop de tendance à s'envelopper. Ils eussent été obligés de descendre dans le monde positif, dans le domaine du simple bon sens. D'un autre côté, l'autorité de ces savans eût pu attirer l'attention sur quelques parties de l'enseignement des sourds-muets, qui sont propres à jeter des lumières sur la meilleure méthode pour développer l'intelligence de l'enfant.

Mais, malheureusement, le peu de bien qu'on eût pu attendre du Conseil de perfectionnement, était subordonné à des conditions d'ordre et de méthode qu'on chercherait en vain depuis long-temps dans l'Institut royal.

Au milieu du vague où on le jetait, le Conseil de perfectionnement sentit qu'il avait besoin d'un guide. Il comprit que pour donner une base à ses travaux, il était indispensable qu'on lui adjoignît un homme de pratique dont l'expérience pût éclairer, rectifier ses savantes théories, diriger ses investigations, en lui indiquant les points encore obscurs où il faudrait porter ses lumières ; un homme, en un mot, qui préparât les travaux du conseil, et en recueillît les résultats.

Ces idées étaient trop justes pour ne pas emporter la conviction. Aussi, dans une *réunion générale du Conseil d'administration et du Conseil de perfectionnement, tous les membres des deux conseils étant présens,* il fut décidé à l'unanimité, qu'une proposition serait adressée au ministre, pour adjoindre au Conseil en qualité de secrétaire, ayant voix délibérative, un homme qui connût parfaitement l'enseignement des sourds-muets, et d'une voix unanime il fut arrêté que je serais présenté pour secrétaire du Conseil de perfectionnement.

Deux membres du Conseil d'administration, MM. de Noailles et de Gérando, et deux membres du Conseil de perfectionnement M. Abel Remusat et M. Ordinaire, s'empressèrent séparément de me faire part de cette décision, d'autant plus honorable que je ne l'avais en aucune façon sollicitée.

J'attendis un an entier le résultat de cette délibération, préparant des matériaux pour remplir dignement les fonctions de confiance et d'estime dont je devais être chargé ; j'attendis vainement.

Cette décision, la plus solennelle, la plus unanime que l'Administration ait jamais prise , cette décision qui n'a jamais été révoquée , est restée comme non avenue: il n'en fut plus question.

Il y a donc, comme je l'ai dit, dans le conseil d'administration, ou près de ce conseil, une force occulte plus puissante que le conseil ; puisque, sans une décision contraire, elle met au néant ses délibérations les plus solennelles, un arrêté pris à l'unanimité dans une réunion générale des deux conseils , tous les membres présens.

Quels sont aujourd'hui les attributions du conseil de perfectionnement ?

Deux fois par an, sur l'invitation de l'Administration, chacun des membres du Conseil de perfectionnement vient , tour à tour , faire dans les classes un rapide examen. Et puis il n'en est plus question!

Est-ce là ce qu'on devait attendre d'une assemblée d'illustres académiciens?

De la Direction.

Après la mort de l'abbé Sicard l'Administration avait décidé que la direction de l'Institution royale ne pouvait être confiée qu'à un ecclésiastique. L'abbé Selvan , l'abbé Gondelin, l'abbé Beulé, n'y firent que paraître et se retirèrent aussitôt. L'Institut royal resta alors *deux ans sans Directeur ;* et l'on paraissait disposé à laisser cet inter-règne durer indéfiniment ; mais le ministre ordonna qu'on y mît un terme, et M. l'abbé Périer fut appelé de Rodez, où il dirigeait une petite école de sourds-muets. Mais il ne resta pas long-temps à la tête de l'Institution royale, et fut obligé de donner sa *démission.*

L'Administration se trouva alors fort embarrassée. Elle avait épuisé la liste des abbés-instituteurs. Il fallait opter entre les deux qualités, ou, si l'on veut, entre l'homme et l'habit : la préférence fut donnée à l'habit. Un des Administrateurs avisa, dit-on, que pour bien diriger l'enseignement, il n'y avait rien de mieux que de choisir un homme qui y fût tout-à-fait étranger ; car, ajoutait-on, n'ayant épousé aucun système, il jugerait avec plus d'impartialité les améliorations qui lui seraient proposées.

Le raisonnement était neuf, il parut piquant au Conseil, M. de Corbière le trouva péremptoire, d'autant plus que le candidat était présenté par un ami. Il nomma donc, sur la proposition de l'Administration, M. l'abbé B., qui ne s'était jamais occupé des sourds-muets, mais qui venait d'achever l'éducation des neveux d'un des Administrateurs.

Bientôt on commença à se plaindre que le nouveau directeur n'avait pas toute l'expérience désirable. — Patience ! répondait l'Administration, il se formera. Cependant, après quatre ans, durée ordinaire d'un apprentissage, le Directeur ne s'était pas formé, et il bornait ses fonctions aux représentations des séances publiques.

Enfin l'Administration, cédant aux réclamations, consentit à la *destitution* de l'abbé B., mais non sans avoir pourvu d'avance à son remplacement.

Le Conseil, dans sa haute sagesse, avait d'abord décidé qu'un instituteur-ecclésiastique pourait seul réunir toutes les qualités requises pour la direction de l'Institution royale. Bientôt il reconnut que la qualité d'ecclésiastique suffisait. Enfin, et toujours avec la même sagesse, il a jugé qu'il n'était pas plus nécessaire d'être instituteur que d'être abbé ; que pour cet enseignement spécial, des études spéciales et un peu d'expérience étaient choses superflues. Le nouveau Directeur n'était pas abbé, mais il ne se connaissait guère mieux que son prédécesseur à l'enseignement qu'il était appelé à diriger; et chacun de dire dans l'Institution, que ce n'était encore qu'une demi-vacance de la direction pour attendre l'opportunité ou la maturité d'une faveur.

Je ne sais si dans cette échelle décroissante de capacités directoriales, on se flatte de trouver encore un échelon ; on l'a peut-être déjà sous la main prête à la placer. Mais pourquoi se mettre en peine ? Ne s'est-on pas déjà passé deux ans de directeur ? A quoi bon maintenant un directeur, si ce n'est pour la forme et pour conserver le titre et la place dans l'Institution! Le système de la rotation ne lui laisse, nous le répétons, aucune action sur les études. C'est maintenant l'Administration qui dirige l'enseignement. Le Directeur ne fait rien que par ses ordres et *en son nom*. Le Directeur n'est que l'agent du conseil. C'est, sous un titre plus relevé, l'ancien *Agent-général*, moins la comptabilité. Cependant dans le cercle où il est renfermé, le Directeur, avec le sincère amour du bien qui l'anime, pourrait s'ouvrir un large champ d'améliorations. Il y a tant à faire dans cette institution ! elle offre tant d'élémens de succès, tant de moyens d'exécution, tant de ressources indépendantes des hommes, subsistant en dépit des abus, mais qui dorment stériles en attendant une volonté qui les féconde, et une main qui les mette en œuvre ! L'organisation nouvelle enlevant au Directeur toute action sur les études et toute autorité sur les hommes de l'enseignement, que doit-il faire? Abandonner l'enseignement comme un malade condamné. Le système de la rotation l'a déchargé de

toute responsabilité à cet égard. Il faut donc qu'il porte
toute son attention sur l'éducation industrielle. Par là il
pourra relever l'Institution ,malgré la décadence de l'enseignement. Un bon système d'éducation industrielle ne
servirait pas seulement à préparer aux élèves d'honorables moyens d'existence; je ne doute pas qu'il ne concourût
efficacement aussi à étendre et propager l'instruction des
sourds-muets. L'éducation industrielle me paraît mériter
une aussi sérieuse attention que l'enseignement même.
Le perfectionnement de l'enseignement peut être le résultat immédiat de quelques travaux particuliers. Il est
possible que dans son cabinet un instituteur expérimenté
compose quelques ouvrages qui simplifient tout-à-coup
l'enseignement des sourds-muets, et le mettent à la portée de tous les instituteurs et même des parens. Ce
travail, je l'ai entrepris : un concours de circonstances
fâcheuses m'a forcé de l'interrompre ; toutefois je ne
perds pas l'espoir de le mener à bonne fin ; mais le
succès d'un bon système d'éducation industrielle me
semblerait plus important encore, car ce succès ne dépend
pas de la volonté d'un homme isolé ; il faut, de plus, au
moins pour les premiers essais, des conditions matérielles
qu'on ne pourra réunir que dans une grande institution,
et aucune n'est, à cet égard, plus favorablement placée
que l'Institution royale.

Des Exercices publics.

A l'importance qu'on attache aux séances publiques,
on dirait que c'est le principal, l'unique objet de l'Institution des sourds-muets.

Il y a long-temps que j'ai exprimé ma pensée à cet
égard. Il me serait facile de démontrer les inconvéniens
de ces exercices publics, tels qu'ils sont depuis long-temps
organisés. Mais quel en est le but? personne ne peut me
le dire.

Il n'est plus question aujourd'hui de convaincre le

public de la réalité de l'enseignement des sourds-muets.
Il ne reste plus de doute à cet égard. D'ailleurs est-ce
bien sur ces exercices préparés qu'un homme sensé voudrait former son opinion?

On ne viendra pas non plus nous dire à nous, que c'est
pour propager la méthode, puisqu'il est reconnu que
l'Institution n'a pas de méthode, et que le démonstrateur
des séances publiques ne prend aucune part à l'enseignement.

On vend à la porte de la salle des séances des étuis, des
pelotes et autres petits objets confectionnés dans les ateliers; mais ce n'est certainement pas le misérable bénéfice de 1,000 ou 1,200 francs qu'on en retire par an, qui
pourrait nous rendre raison de la haute importance que
l'Institution royale met à ses séances.

On explique plus facilement l'affluence du public qui
s'y porte toujours avec le même empressement. Un peu
d'intérêt pour les sourds-muets, beaucoup de curiosité
pour les petites pantomimes jouées à la fin des séances,
voilà un attrait plus que suffisant pour un public toujours avide de représentations *gratis*.

Aussi quand l'Administration voulut interdire l'usage
du lengage mimique aux sourds-muets *soit entre eux*, *soit
avec les autres personnes*, on se garda bien d'étendre l'in-
terdiction jusqu'aux exercices publics; autant eût valu
fermer la salle des séances.

Quand on considère la futilité de ces séances à grand
apparat, combien on souffre d'y voir un homme respectable et par son âge, et par son caractère, et par les honorables fonctions dont il a été revêtu, obligé de venir
démontrer devant une nombreuse assemblée une méthode qu'il ne connaît pas (1), des procédés qu'il n'a pas

---

(1) Il faut excepter l'enseignement de l'articulation, dont le Directeur s'occupe exclusivement. Ici, encore, nous remarquerons

vu mettre en application dans les classes. On partage son embarras et sa peine, quand on le voit, en face d'une troupe d'enfans malins et rieurs, répétant avec timidité et gaucherie quelques signes appris de la veille. Mais ce qui serre le plus douloureusement le cœur, c'est de voir ces pauvres enfans, pleins de candeur, qui viennent sur une espèce de théâtre exécuter, pour l'amusement des spectateurs, quelques petits exercices répétés plusieurs jours d'avance, et donner à des questions censées improvisées, des réponses préparées par leurs maîtres, et apprises avec soin par cœur. Heureux s'ils ont le bon esprit de repousser les témoignages de satisfaction qui leur sont adressés, heureux si ces applaudissemens extorqués par tromperie ne font pas doucement glisser dans leurs jeunes cœurs le poison de la vanité! Mais alors que doivent se dire ces pauvres enfans dans leur petite intelligence, avec leur esprit tout neuf, mais juste, mais pénétrant et scrutateur; que doivent-ils penser de ce monde, qui d'abord leur apparaît ainsi partagé en deux classes de dupes et de trompeurs, que doivent-ils dire de tout ce public et de leurs maîtres, de l'approbation des hommes, et des moyens de l'obtenir; quelle idée vont-ils se former du vrai, du bon, du juste et de l'honnête ? N'est-il pas à

---

la fatalité qui semble attachée à tous les actes du Conseil. Ainsi, l'Administration ayant résolu de baser l'enseignement sur l'articulation, a fait choix pour l'exécution de son plan, d'un homme dont la prononciation est la plus vicieuse, ou la plus anormale, non pas seulement à l'oreille, ce qui serait peu de chose, mais encore aux yeux. Ainsi, pour l'articulation *le*, il porte la pointe de sa langue sous le nez; il en est de même de plusieurs autres articulations; mais il me serait plus facile de rendre la chose sensible par quatre coups de crayon, que par quatre pages d'explication.

De ces défauts de prononciation résulte un alphabet labial tout particulier, une sorte d'alphabet de grimaces, plus sensible aux yeux, il est vrai, mais qui ne peut être d'usage qu'entre le maître seul et ses élèves.

craindre que leur esprit et leur cœur ne résistent pas à cette épreuve, qui serait déjà bien forte pour des hommes doués de toutes leurs facultés, dans la maturité de l'âge et la plénitude du jugement. N'est-ce pas en quelque sorte, sans qu'on s'en doute, une école de tromperie et de mensonge? A ces mots on va jeter les hauts cris. Je sais que tout cela se fait à bonne intention. Mais le charlatan, l'empirique, qui donnerait un poison à un malade, croyant lui administrer un remède salutaire, n'en aurait pas moins tué ce malade, et cependant, lui aussi, protesterait de la pureté de ses intentions.

Nous venons de parcourir toutes les parties de l'Institution royale, ce n'est pas notre faute, si nous n'y avons trouvé rien à approuver. La circulaire même n'a été guère plus heureuse à cet égard, et certes ce n'est, de sa part, pas manque d'envie de louer.

Le voilà donc cet enseignement qui devait rendre à la vie sociale tant de millions d'infortunés, cet enseignement qui devait éclairer la philosophie, et même offrir quelques heureux modèles à l'instruction publique dans l'art de développer l'intelligence, en nourrissant l'esprit de connaissances positives! le voilà tel que le Conseil d'administration nous l'a *organisé*. Est-ce donc là cette école célèbre qui faisait honneur à la France, cette Institution-modèle, autrefois la métropole de toutes les institutions, au-dessus de laquelle le nom de l'abbé de l'Épée brillait comme l'étoile des mages, et appelait des contrées lointaines, instituteurs, savans, princes, qui venaient admirer ou étudier à son berceau la méthode d'un art régénérateur. Ne semblerait-il pas aujourd'hui que le gouvernement n'entretient à si grands frais l'Institut royal que pour servir de pâture à la frivole curiosité des badauds dans les séances publiques, ou de théâtre à la faconde d'un démonstrateur? Il est temps qu'on songe à porter remède à ces abus. Les amis des sourds-muets seraient coupables de garder plus long-temps le silence.

5

Nous avons déchiré le bandeau qui cachait la plaie : à d'autres la tâche d'en chercher le remède.

Je dirai seulement qu'on doit toujours avoir présente à la pensée la destination de cet établissement. L'Institution royale n'est pas une école ordinaire, elle doit être une école de perfectionnement; il ne suffirait pas même qu'elle eût à présenter de loin en loin au public quelques sujets distingués; il faut qu'elle tende à populariser l'enseignement en le rendant non seulement plus simple, mais aussi moins dispendieux. L'éducation de chaque élève dans l'institution coûte par an environ 1,400fr.; il faudrait porter ce chiffre plus haut si on voulait mettre en ligne de compte tous les frais accessoires, comme on le ferait dans un établissement particulier. Or il est indubitable qu'avec un nombre de 150 élèves, une pension de 500 fr. par élève devrait suffire pour couvrir tous les frais, y compris le traitement des professeurs. Cette somme de 500 fr. pourrait être un jour réduite, au moins de moitié, par un système bien entendu d'ateliers productifs. Je remis, il y a neuf ans, à M. le comte Alexis de Noailles, un petit mémoire sur cet objet. On voit qu'il y a long-temps que cette pensée m'occupe. Plus j'y ai réfléchi, plus je reste convaincu que c'est le seul moyen de faire participer tous les sourds-muets au bienfait de l'instruction.

On n'attend pas, je pense, de moi que j'entre ici dans les détails d'un pareil projet. Le succès dépendrait du concours d'un plan régulier d'instruction avec un système méthodique d'éducation industrielle, secondée par une forte et généreuse impulsion morale. Il faut d'abord inspirer à tous les élèves, autant par l'exemple que par les préceptes, un amour de frère pour tous leurs frères d'infortune; il faut leur faire considérer l'instruction qu'ils reçoivent comme une dette qu'ils devront religieusement acquitter en contribuant à procurer le même bienfait à un autre sourd-muet. Mais en leur donnant le sentiment de ce devoir, il faut aussi lui donner la faculté de l'accomplir; et voici comment : avec un enseignement bien méthodique et quelques bons ouvrages composés dans cette intention, quatre ans suffiraient pour l'instruction du sourd-muet, sans même négliger l'éducation industrielle, qui, soumise aussi à un enseignement méthcdique (1), donnerait en peu de temps des résultats satisfaisans. Dès la troisième année les travaux bien dirigés des élèves pourraient devenir productifs et diminuer les frais de leur entretien. La cinquième et la sixième année, l'élève n'ayant presque plus à s'occuper de son instruction, son travail produirait un bénéfice qui serait employé, partie à augmenter les ressources de l'Institution pour contribuer à l'admission de quelques nouveaux élèves, partie à former un petit pécule aux élèves sortans auxquels la loi du..., qui a constitué l'Institution des sourds-muets, accordait une somme de 300 fr. qu'on n'a jamais songé à leur donner, tandis qu'on a successivement augmenté le traitement de tous les employés.

D'après ce plan la succession des élèves sortans et entrans formerait une chaîne non interrompue de bienfaits reçus et transmis des uns aux autres; et chaque année le nombre des élèves augmentant, sans augmenter les frais de l'Institution, l'on pourrait entrevoir l'époque où il n'y aurait plus en France un sourd-muet qui ne reçût une instruction convenable à sa position.

---

(1) La main n'exécute bien que lorsque l'intelligence la dirige. Qui voudrait étudier la pratique des ouvriers, y trouvera les applications ingénieuses d'une foule de notions de physique, de chimie, de mécanique, etc.: notices exactes, inédites, non formulées, mais aussi nombreuses peut-être que dans les livres des savans.

FIN.

www.ingramcontent.com/pod-product-compliance
Ingram Content Group UK Ltd.
Pitfield, Milton Keynes, MK11 3LW, UK
UKHW021215230726
13926UKWH00003B/1030